JN439539

김난석 산문집

꽃눈 뜨자 눈꽃 내려

꽃눈 뜨자 눈꽃 내려

김난석 산문집

1판 1쇄 인쇄/ 2019년 4월 25일
1판 1쇄 발행/ 2019년 4월 30일

지은이 / 김 난 석
펴낸이 / 우 희 정
펴낸곳 / 도서출판 소소리

등록 / 제300-2007-21호
주소 / 03073 서울 종로구 성균관로 5길 39-16
전화 / 765-5663, 010-4265-5663
e-mail: sosori39@hanmail.net
www.sosori.net

값 13,000 원

*잘못된 책은 바꿔드립니다.

ISBN 979-11-5891-122-5 03810

꽃눈 뜨자 눈꽃 내려

김난석 산문집

지은이의 말

글을 쓴다는 건
하고 싶은 말을 그렇게 하는 것이니
쓰고 나면 후련해지기도 한다.

태풍이 지난 자리에 꽃씨를 뿌리는 마음으로
마음의 냉골에 불씨를 지피는 마음으로
무딘 펜을 들고 닫히고 굳은 마음을 솔솔 풀어내보느니

실실한 사연들이 한 소래기쯤 되었을 때
떡시루 뒤집어 쏟듯 하얀 종이 위에 풀어놓으면
정다운 이웃들 기웃거리다 가버려도 즐거움은 그것일 것이다.

글을 쓴다는 건 자기구원이라지만
못난 글이라도 내보이는 건 이웃들이 있기 때문이요
보잘것없는 걸 탓(?)하심도 나에겐 고마움이다.

2019년 4월 봄날에 김난석

▷ 차 례

▷ 지은이의 말

1. 꽃 마음 시 마음

아침을 열며 — 12
꽃 마음 시 마음 · 1 — 15
꽃 마음 시 마음 · 2 — 21
꽃은 피고 지고 — 24
꽃들은 피어대는데 — 27
박꽃 서정 — 29
산수유 꽃필 무렵 — 32

2. 창가에 앉아

세월 가면 그리움만 남고 — 38
감나무 아래서 — 44
남당리 새조개축제 — 49
논길에서 — 55

달래강 — 59
달빛 너머 — 63
두보(杜甫) 초당을 찾다 — 66
메밀꽃 필 무렵 — 73
반가사유상의 미소 — 77
변산바람꽃을 찾아 — 80

3. 바람은 솔솔

바라만 보아도 — 84
부여에 가면 — 87
사랑 혹은 비가 — 90
삼청에서 청성으로 — 95
선물 이제(二題) — 99
손 — 103
시월 하늘 아래 — 107
신두리 사구(砂丘) — 110
압구정에서 반구정으로 — 115
정월 단상 — 121
제야(除夜) — 130

4. 하늘은 푸르고

고향 나들이 — 134

첫눈 내리던 날 — 138

추석차례 뒤에 — 141

화동(花童) — 143

기억과 망각 사이 — 146

나의 색깔 — 150

낚시는 아니지만 — 155

다시 첫눈이 내리면 — 158

동그라미의 추억 — 163

목석(木石)의 생명성 — 168

5. 흰 구름 둥둥

젓대(大笒)를 매만지며 — 174

물은 알고 있다 — 178

비둘기낭 폭포를 찾아 — 182

시들지 않는 꽃 — 186
애착과 집착 — 190
어떻게 살 것인가 — 194
여수 순천의 화려한 반란 — 198
우금치와 경술국치 — 201
인천대교를 바라보며 — 203
팔월의 정점에서 — 206
해마다 유월이 오면 — 210

6. 강역을 넘어

라사의 하늘 — 216
스파 시버 — 221
신화의 길목 갠지스 — 225
알로하 오에 — 231
앙코르여 세월이여 — 236
연해주에서 사마르칸트로 — 242
외로운 섬 피지 — 246
천산(天山) 천지를 향해 — 252

1.

꽃 마음 시 마음

아침을 열며

아침이 밝아오면 품속의 별은 사라지고 길섶에 깃든 정령들도 이슬을 떨어 내리느라 부산하다. 아침에서 저녁으로, 밤에서 낮으로 시간은 돌고 도는데 인간은 시간 위에 내던져진 에트랑제라 했던가. 제 자식 낳는 족족 잡아먹는 크로노스처럼 누구 하나 시간을 축내는 일에서 예외일 수는 없으리라.

지구에 실려 일 년을 보내노라면 9억 3,440만 킬로미터의 우주여행을 하는 셈이 된단다. 지구의 공전 거리가 그만큼이란 말일 테다. 이렇듯 다른 것에 의지해 무임승차(無賃乘車) 하는 이가 있는가 하면 몸부림치며 페달을 밟고 자기 삶을 이어가는 이도 있다. 하루를 앞에 놓고 생각하노니 너는 남을 위해 따스한 연탄재라도 되어본 일이 있느냐는 어느 시인의 물음이 떠오른다. 오늘도 태양은 밤새 뒤덮인 안개 걷어내며 밝은 아침을 열어주는데 말이다.

아침 일찍 호반 산책길에 나섰다. 점점 게을러지는 터니 꽁꽁 얼어붙는 계절이 오기 전에 걷기라도 해두자는 심산이다. 사내가 대퇴부, 둔부가 물러지면 육신이 가라앉는다 했으니 어디 육신뿐이랴.

걷기조차 싫어져 만사 귀찮아지면 육신에 얹힌 삶이 모두 무너지고 말리라.

호반 길로 들어섰다. 간밤에 사람들이 머물다 갔는지 옆으로 놓여있는 벤치에 쓰레기가 수북이 쌓여있다. 그 옆 벤치에 두 사내가 다정히 앉아 이야기를 나누고 있듯 지난밤엔 이 벤치에도 서넛이 앉아 저렇게 정담을 나누고 갔을 터이다. 인간은 생물학적 프로그램과 사회적 통념에 의해 유도되는 삶을 살아가게 된다고 하니(칙센트 미하이의 「슬로우」) 그 안엔 평소의 내 모습도 들어있을 테다.

호모사피엔스의 기원을 20만 년 전쯤으로 추정하고 있으니 나의 생물학적 프로그램은 그만큼의 장구한 시간을 거쳐 형성된 것이리라. 그것도 수많은 교배과정을 거쳐 내려온 것일 테니 나를 보기 전에 타인들의 행태를 보면 미루어 나의 생물학적 프로그램을 알 수 있는 것이다. 사회적 통념도 여러 사람이 한데 어울려 살아가면서 형성해나가는 것이니 그것 또한 타인들의 모습을 살펴보면 나를 들여다보는 것이요, 독불장군일 수는 없는 노릇이다.

어제의 햇살과 바람은 다시 얼굴 씻고 나타나 오늘 아침에도 똑같이 쏟아내고 불어주고 있다. 자연은 그렇게 오는 사람 맞고 가는 사람 보내며, 두고 간 것이 무엇이든 아무 상관 하지 않는다. 저절로 되는 생성과 전개에 의해 이뤄진 상태를 자연이라 하지만 그것은 한꺼번에 변하지 않고 서서히 변해간다. 그래서 생물학자 린네는 "자연은 비약하지 않는다."고 했을 게다. 그렇다면 간밤에 버리고 간 쓰레기는 어찌 될까? 보나마나 그것은 자연의 일부가 되어 비약하지 않고 장구한 시간을 견디며 본디의 자연 위에 덧씌워질 것이다.

오늘 아침 그렇듯 나는 수없이 저런 벤치에 앉았다 떠나갔다. 그때마다 무엇을 남겨두고 가는지 챙겨보곤 하지만 챙겨볼 게 어디 핸드폰이나 쓰레기일 뿐이랴. 허투루마투루 해댄 말, 말, 말… 돌아보노라니 그것이 켕기는 것이다. 허나 그것은 다시 주워 담을 수도 없는 노릇이니 이걸 어쩌랴. 아마도 저 쓰레기가 산화해 흩어질 때까지 나의 허사(虛辭)도 허공을 떠돌리니, 남들이야 어떻든 조신한 몸가짐으로 아침을 맞고 걷고 앉고 또 걸어야겠다. 그러면 생물학적 프로그램이나 사회적 통념을 살짝이라도 건드리게 되는 게 아닐까.

어둠이 내리는 호수 위 저 멀리로 날짐승 한 마리 아쉬운 듯 해 넘어가는 쪽을 바라보고 있다. 저녁에 우는 새는 임이 그리워서라지만 저 날짐승은 환한 아침을 기다리는 것이리라.

아침이 열리면 낮이 오듯 밤도 찾아온다. 그걸 하루라 하지만 하루하루가 곧 내 삶의 전부다. 음험한 몸짓들 어두운 장막에 가려 보이지 않는 듯하나 이윽고 아침이 열리면 환하게 드러나고 마느니 낮이든 밤이든 호수를 가로지르며 아름다운 여운을 남겨야 하리라.

아침에 까치가 울면 손님이 찾아온다 했지. 그래서 아침은 기다림이다. 저녁 산그늘 내려앉기 시작하면 집 나간 새끼들 둘러봐야 하느니, 그래서 저녁도 기다림이다. 미물도 그러하거늘 인간사 질퍽한 곳에 주저앉아 미간이나 찌푸릴쏘냐. 비록 앉은 자리 축축할지라도 마른 손으로 훔쳐 내며 더 나은 내일을 위해 기다려보는 것이다.

꽃 마음 시 마음 · 1

꽃 지나 꽃
꽃 건너 꽃
꽃 사이 꽃
꽃 안팎 꽃
그건 발걸음 놓인 흔적

꽃 지더니 꽃
그건 꽃잎 누일 자리

꽃꼭지 떨어진 빈자리
그건 다함이 머물 곳.

- 2007년 달력시집 「꽃마음」 부분

올해도 글벗들 틈에 끼어 시 한 편씩 엮은 달력을 만들어봤다. 어린 것이 읽어보더니 시는 노래하듯 읽으며 의미를 짚을 수 있어야 하는데 '꽃 안팎 꽃'이라 하니 무슨 소린지 모르겠다한다. 시란 에둘러 노래하기도 하는 법이지만 분명한 의미나 이미지를 전달할 언어를 찾아야 한다. 하지만 할 말은 꼭 해야 하는데도 표현력이 그것뿐이니 들려준 말을 귀담아놓고 들려줄 말을 미룰 수밖에 없겠다.

나는 오늘도 말쑥하게 차리고 세상에 나선다. 말쑥하다는 뜻은 내 나름의 치장일 뿐이니 누가 보아서 그리 봐줄 리는 없을 것이다. 반평생 달고 다니던 계급장은 미련 없이 떼어냈지만 마지막 권위의 상징인 감색 슈트는 아쉬움이 남아 그대로 걸쳐본다. 벽돌색 바지는 시쳇말로 건빵바지를 조금 흉내 내어 방랑 끼로 입어보고 야무지게 매고 다니던 넥타이는 풀어 저 풀밭에 던져놓은 채 빨간 셔츠로 가슴의 시커먼 부분을 교묘히 가린다.

브라운 톤의 헤어스타일에 선망의 눈초리로 아이라인을 하고 어깨를 움씰거리며 윙크도 살짝 해본다. 갈색 구두 위에 몸을 싣고 이리 갈까 저리 갈까 망설이며 발도 조금 어슷하게 벌려본다. 이쯤 되면 누가 보아 로맨티시스트라 불러주기라도 할까?

그러나 이것은 사이버공간에서의 나의 아바타(avatar)일 뿐 나의 실체는 아니다.

물이 옷을 입으면 너울이 되고 파도가 되듯 공기가 옷을 입으면 마파람이 되고 하늬바람이 된다. 우주의 기운(에너지라 하자)이 중력에 의해 옷을 입으면 원자가 되어 물질이 되지만 육신의 옷을 걸치고 옷으로 치장하면 그건 나의 환영(幻影, maya)일 뿐 나는 나대로 따로 있는 것이다.

육신 안에 마음이 있고 마음 안에 혼이 있다 한다. 혼은 형체가 없고 명정하며 어두운 데도 없고 밝은 데도 없으며, 없는 데가 없고 있는 데도 보이질 않는다. 이런 혼이 결국 참나(眞我)인 아트만으로서 진정한 자신을 돌아보아 우주의 신 브라흐마와 합일할 때 절대 실재라거나 궁극의 경지에 든 것이라 한다.(베단타 학파)

그 길에 가 닿는 수양법이 세 가지가 있다고 했으니 첫째가 지혜의 길(갸나요가)이요 둘째가 헌신의 길(박티요가)이요 셋째가 행위의 길(카르마요가)이다. 이 중 지혜의 길은 조용히 침잠하여 안으로 안으로 들여다보는 명상이라거나 안거(安居)라 하는 것들이니 명상가라거나 참선자가 그일 터요, 헌신의 길은 절대자나 신에게 자신을 송두리째 바치는 것이니 그 고행이 참으로 어려워 극소수만이 궁극의 경지에 든다고 한다.

행위의 길은 절대자의 뜻에 따라 인류를 위해 자비라거나 봉사라거나 보편적 사랑을 베푸는 걸 말함이니 슈바이처나 테레사수녀의 숭고한 삶이 그것일 테지만 보통사람들의 사랑의 실천 또한 그것일 터이다. 나의 실체는 바로 형체 없는 명정한 혼이요 이것을 움직이는 것은 붉은 정열이 담긴 마음일 뿐이니 지난 일들에 회한하더라도 이젠 어찌해야 하는지를 생각하게 된다.

인간은 저마다 육신과 정신의 옷을 입고 살아가면서 타인을 만날 때면 문화인이라거나 지체가 높다는 등으로 자기 나름대로 좋고 나쁨을 가려 끼리끼리 어울리게 마련이다. 문화(culture)는 경작이나 꾸밈이 그 어원(語源)이라 한다. 인간은 발가벗은 상태로 태어나 얼마간은 가슴이며 사타구니며 더 은밀한 부분까지 다 내보이면서도 아무 스스럼없이 살아간다. 어디 육신뿐이겠는가. 자신의 욕망과 감정을 여과 없이 토해내거나 탐하기도 하느니, 이것이 인간의 원형이기도 할 게다.

그러나 한 해 두 해 연륜을 더해감에 따라 드러내 보인 부분들을 하나하나 가리기 시작하면서 언어의 기교도 복잡 미묘해지기 시작한다. 탐하면서도 사양의 말을 한다거나 그른 것을 두고도 이해한다고 하는 것이 그것일 터이다.

어디 언어나 감정뿐이겠는가. 단순한 육신을 꾸미는 것 또한 마찬가지니 자신의 육신에 덧대거나 붙이고 가리개를 한다거나 긴 손톱을 예리하게 갈아대고 물들임도 그것일 터이다.

이렇게 고양(高揚)의 한 수단으로 복잡 미묘한 꾸밈을 추구하다가 어느 시점에서부턴가는 다시 원형으로 회귀하고자 한다. 꾸밈에서 원형으로 회귀하는 것은 겉보기뿐만 아니라 부귀나 공명에서도 마찬가지려니 한껏 부풀렸다가 귀거래사를 부르며 물러나 앉는 것도 같은 이치리라.

인간은 이렇게 가장 아름다운 시점을 찾아 원형과 꾸밈 사이를 드나들기 마련인데, 그 꾸밈이란 물론 진선미의 지극한 정신적 가치도 포함할 게다. 이 원형과 꾸밈의 시계에서 가끔은 나의 시각이 어디를 지나가고 있는지 생각해보게 된다. 타인들의 현란한 꾸밈 속에서 원형을 들여다보거나 단아한 원형 속에서 현란한 꾸밈을 들여다보기도 한다. 그럴 때면 미묘한 감흥을 느끼게 된다.

코가 우뚝한 가면을 저 사람에게서 벗겨버리면 어떤 모습일까. 저 사람에게 장미 장식의 화관을 씌워주면 어떤 모습일까. 물론 그 가면이나 치장이라는 것들은 외형적인 것 외에 상징적인 것들까지도 생각해보게 된다. 그러노라면 한편 아쉬움이 일기도 하고 다른 한편 또 다른 아쉬움이 일기도 한다.

하나는 자신을 한껏 장식해보지 못한 아쉬움이요 다른 하나는 너무 치장해 자연의 조화를 망쳤다는 아쉬움이지만 물론 이것은 범부의 생각일 뿐이다. 인간은 왕성한 발산기(發散期)에는 욕망의 화신이기 마련이다. 물질적인 것은 물론 정신적인 것까지를 무차별 사냥하는 거대한 공룡이라 해도 틀린 말은 아닐 것이다. 부를 꾀하고 향락을 꾀하고 권위를 꾀하고 명예를 꾀하고 너무 욕심내다가 배 터지는 꼴도 심심찮게 보게 되니 말이다.

그러다가 수렴기(收斂期)에 접어들면 욕망을 조금씩 덜어내면서 물질적인 것에서 정신적인 것으로 무게 중심을 옮기기도 하고 그것마저도 조금씩 덜어내려 하기도 한다. 장년기를 넘어 노년기에 들어서면 단단한 뼛속이 조금씩 떨어져나가고 머릿속도 구멍이 숭숭 뚫려 망각지수가 높아지듯 스스로 버리지 않는 자에 대한 심오한 자연의 손길이 닿게 된다. 이렇게 에너지가 다 소진될 때까지 생명을 이어가는 건 자연의 섭리에 따르는 삶이니 그것도 아름다운 삶일 것이다.

허나 영육이 성성할 때 자신 이외의 것들을 위해 스스로 비워내는 일은 다른 차원의 치장이 되기도 할 테지만 이 또한 신의 섭리에 따르는 삶이요 숭고한 삶일 것이다. 스스로 비워낸다는 건 문득문득 안으로 들여다보면서 자만에 찬 모습에 채찍질을 해대거나 절대자나 신 앞에서 가슴을 불태우기보다 가슴에 손을 얹어보거나 앉은 자리에서 사랑을 베풀어보는 것일 수도 있으리라.

밭 가는 자 밭을 갈고 씨 뿌리는 자 씨를 뿌리고 흙을 덮는 자 흙을 덮을 일이요 혹독한 추위를 견디기 위해 내 한 몸이라도 더해 꼭꼭 밟아보노라면 새봄에 새싹이 파랗게 돋아나듯 천지는 새 생명으로 충만하리니, 이젠 얼굴 말고 맑은 영혼으로도 살아가야겠다. 그러나 아름답게 꾸미고자하는 미(美)의식이야 어쩌랴. 하여 나는 오늘도 말쑥하게 차린 아바타를 앞세워 세상에 나선다.

아이야, 그건 내면과 외양이 안팎으로 꽃이길 바라듯 세상이 꾸밈과는 관계없이 안팎으로 꽃이길 기원해본 것이란다.

(2007. 1)

꽃 마음 시 마음 · 2

물들여 올리는 정갈함이기에 꽃을 꽃이라 하듯
물들여 올리는 은인(隱忍)
뿌리는 네가 꽃이라

순명(順命)에 떨어져 내리지만
이듬의 생명으로 가는 길엔 다 꽃이려니

물들여 내리는 능선
바라다보매 다 꽃이어라.

- 2008년 달력시집 「꽃마음 · 2」 부분

가지 끝에 피어올린 설화(雪花)
하얗게 내려앉아 화설(花雪)이라 하네

홀로 걷다 돌아서는 길
바람에 맡길 뿐이지만

처음도 마지막도
그렇듯 꽃이었으면 하지.

- 2009년 달력시집 「눈꽃」 부분

시간과 공간의 시작과 끝은 어디이며 생명의 시작과 끝은 어디일까. 물음이 거창하면 답은 거짓으로 거창할 수밖에 없으리라. 하루의 시작은 아침이요 끝은 밤이지만 그 시작과 끝은 아날로그로 연결되어있다. 지구의 시작은 동쪽이요 끝은 서쪽이다. 그러나 그 시작과 끝도 아날로그로 연결되어있다.

색즉시공이요 공즉시색이라니 존재와 부존재도 한데 어울려있음을 알 수 있다. 지구상에서 가장 오래된 경전인 우리의 천부경(天符經)은 81자의 글자 안에 우주만물의 무한 순환의 원리를 담고 있다. 시작이 시작이 아니요(一始無始一) 끝이 끝이 아니니(一終無終一) 시작과 끝은 영원무궁하게 연결되어 순환함을 암시한다.

천부경의 원초적 형태는 소용돌이 무늬다. 동양의 음양 순환론이 여기에서 나왔을 것이요, 만델브로트의 프랙탈 이론도 여기에 닿아있다고 하겠다. 현대과학에서도 DNA의 나선구조가 여기에 닿아있고 뫼비우스의 띠도 여기에 닿아있다. 태풍의 단면은 바로 소용돌이 무늬이며 성운(星雲)의 빠른 움직임도 소용돌이 무늬이니 안에서 휘저을수록 밖으로 흩어졌다가 안으로 모여드는 바, 그 핵을 눈이라고도 한다.

현대의 천체과학에서 시간과 공간의 원초적 모태인 우주를 거대한 블랙홀의 수렴과 폭발의 연속과정으로 설명하기도 한다. 바로 시작과 끝은 연결되어있음을 설명하는 것이다. 미국 항공우주국(NASA)이 1977년 발사한 우주탐사선 보이저 1호가 태양계의 끝자락인 '헬

리오스히스'에 도달한 건 몇 년 전 일이었다. 태양으로부터 약 140억 킬로미터 떨어져있다 하니, 이는 태양으로부터 가장 먼 행성인 명왕성보다도 두 배 이상 먼 거리다.

과학자들은 보이저 1호가 완전히 태양계 바깥으로 나가는 데 앞으로 10년이 더 걸릴 것으로 보고 있다 한다. 인류는 이제 우주의 전혀 새로운 지역을 탐험하게 될 것으로 평가하는데, 그 끝은 과연 어디일까. 하지만 보이저 1호는 결국 지구로 돌아올 것이다. 지구를 위해서다.

나의 꿈은 시작이 난(蘭)이었으나 지금은 쑥부쟁이(애, 艾)에 다름 아니지만 그 끝은 사랑이고 싶다. 우주만물의 순환원리가 사랑이기에 닮고 싶은 것이다. 바울이 지었다는 고린도전서 13장은 사랑을 노래하고 있는데, 이 글이 성경에서 제일가는 명문이라고도 한다. 우주만물의 시작과 끝은 사랑이리라. 그렇지 않고서야 존재의 가벼움과 그 혼란을 어찌 감당하랴.

햇빛이 비치고 비가 내림은 땅과 인간을 사랑함이요 천둥번개는 마른하늘을 짜내어 메마른 땅을 흥건히 적시기 위함이다. 태풍과 해일은 바다를 뒤집어 물을 정화하기 위함이요 뭍에 산적된 쓰레기를 치우기 위함이다. 모두 땅을 사랑하고 인간을 사랑하기 위함이다. 그럴진대 사람과 사람도 사랑이어야 하지 않겠는가. 우주만물과 인간을 지탱하고 구원하는 알파요 오메가는 사랑이기에 우리의 시작과 끝도 사랑이고 싶은 것이니, 그래서 눈꽃(雪花)이요 꽃눈(花雪)인 것이다.

꽃은 피고 지고

푸르르 멍든 세월 보내렴 인지
서러운 소복 입고 살며시 오네
아랫녘 분홍 바람 사르르 부니
부스스 옷을 벗고 사라지는가.

- 시 「목련 앞에서」

어느 기관의 민원실에 면회신청을 해놓고 기다리는 중이다. 점심시간이니 한 시에 오라고 하나 어디 마땅히 갈 곳이 없어 봄볕 들이치는 창가에 앉아본다. 이곳저곳 민원창구에서 남녀 직원들이 제각각의 표정을 지으며 일에 열중하고 있다.

저들도 집에 돌아가면 어엿한 아들이요 딸이요 가장일 게다. 아마도 혼기를 기다리는 처녀의 몸도 더러는 있을 터요 저마다 집에서 나올 때는 옷장에 걸려있는 옷 중에서 제일 맘에 드는 걸 골라 걸쳐 입고 바르고 손질하고 나왔을 테다. 제일 어울리는 낯빛으로 말이다.

보는 이는 그들의 뒤란에 복잡한 사연들이 숨어있음을 알지 못한다.

저 창밖의 화사한 모습도 마찬가지려니 따스한 햇볕이 쏟아지면서 한 송이 봄꽃이 이슬을 털고 수런수런 피어남을 볼 때 우리는 땅 밑에서 자갈층을 헤쳐 가며 자양을 빨아올리는 힘든 역사를 알지 못한다. 하지만 꽃송이는 그저 아름다운 자태만을 뽐낼 뿐이니 이것이 찬란한 자연의 조화를 이뤄내는 요체일 게다. 그러다가 문득 자리를 내어주고 사라지느니 그것 또한 숭고한 자연의 섭리가 아닐까.

아이야
내 앞의 뜰에는 찬바람을 안고
무던히도 쌓여 쌓여 무거운 눈을 머리에 이고
긴긴 겨울을 견디더니 기어이 감내하고
하얀 꽃잎이 피는 목련이 있더란다

가지가지마다 추운 겨울에 멍이 들어
푸르기까지 하도록 멍이 들어
견디다 견디다 새봄을 맞으니
그렇게도 대견스러웠던 모양이더구나
그러기에 하얀 꽃잎을, 잎새 하나 없는
하얀 꽃잎을 피워냈으리라

남풍이 불어 분홍 꽃 소식 만발하려니
홀연히 잎을 내리고 땅 속으로 가시지만
머지않아 그 떨어진 꽃잎을 자양으로
분홍빛
분홍빛 벚꽃은 만발하리라.

- 『수필문학』 2004. 5월호 「꽃은 피고 지고」 전문

이 해의 봄도 눈 녹은 가지에서 매화로 피어나 담 너머로 수줍게 고개 들던 목련 잎을 여의고, 언덕배기에 올라서서 벚꽃 화설(花雪)로 휘날리다가 아까시 꽃 페로몬 향을 뿌려대며 녹음 속으로 숨어들려 한다. 봄의 마지막 치맛자락이 사라지기 전에 저고리 팔에 걸고 흩어진 꽃길을 따라 가만가만 뒤를 걸어보리라. 불길이 꺼져버린 곳엔 차디찬 무생물만 남으려니, 그처럼 보기 흉한 게 또 어디 있으랴. 다 식어가는 화롯불일망정 다독거려 따뜻한 불씨는 꺼지지 않도록 보듬어나가야 할지니, 연인의 손목을 잡고 개여울을 건너는 기분으로 봄의 끝동이라도 잡고 가리라. 불길 중에서도 아름다운 성(性)의 불길이 으뜸이라 하나 자연 앞에 희열을 느껴보는 게 어찌 성의 불길만 못하랴.

꽃은 피고 지는데
나자
나자
걸망 하나 걸머메고
봄처녀 머뭇거리는 들로 산으로 나자
이 봄이 이 봄을 저버리진 않으려니.

꽃들은 피어대는데

이 봄도 꽃송아리 보잤더니
꽃샘바람 얼마나 거칠던지

이 봄
꽃망울 터지기도 전에 꽃이슬은 눈물로 지고 말아

이 봄
찢어진 들판에 꽃샘추위는 또 얼마나 심술궂던지

이 봄
그래도 꽃가지 아래 추스르는 이 가만가만 모여드느니

이 봄은 그렇게 사위더라도
생명애(Biophilia)는 벗이 되어 꽃눈도 멀지 않으리.
- 시 「동일본 지진 언저리」

벌써 4년 전 오늘이었다. 벚꽃 채 피기도 전 동일본 대지진으로 원전이 파괴되어 큰 재앙을 겪었던 참으로 아픈 기억이었는데… 아직도 그 상처는 치유되지 아니한 채 고통을 겪고 있다는 뉴스다.

올해도 여기저기 꽃은 하염없이 피어대기 시작한다. 하염없다는 말은 자신의 의지와는 상관없이 어떤 일이나 심리상태가 지속된다는 뜻일 텐데, 그걸 신의 섭리(攝理)라 한다면야 신의 의지대로 피는 것이겠지만 신의 자리에 사람을 앉히면 하염없이 피어대는 게 아니던가.

자연은 한편으론 평화로이 꽃을 피워대고 자연은 또 한편으론 인간에 대한 재앙으로 소용돌이쳐대는데 인간은 그 의지를 실현하기에 벅찬 것이던지 꽃도 재앙도 하염없이 바라만 볼 때가 있기도 하다.

의지란 목표를 지향하는 것이고 목표는 의지의 실행을 통해 이뤄지는 것이나 실행과정의 온갖 저항을 극복해야 목표에 가 닿게 될 텐데 의지가 지성의 소산이란 이도 있고 의지가 단지 존재의 원동력일 뿐이라는 이도 있으니 공동체에서 개인의지를 다 받아들이기도 어려우리라.

지성보다 본능이나 감정이 인간을 보다 더 잘 나타내는 것이라 한다면 때론 눈 감고 하염없이 피어대는 꽃이나 바라보아야 할 테니 그래서도 이 봄판이 현란해질수록 더 어지러워지기도 한다.

안이나 밖이나 작은 살림이나 큰살림이나 건강한 지성에 의한 의지가 결집되어야 하려니 내가 몸담고 있는 사소한 곳도 마찬가지리라.

(2015. 3)

박꽃 서정

서른 세 해 만에 만났구나. 달빛 아래 그렇게 삼삼하니 서른세 살이라 한단다. 반가움에 손이라도 덥석 잡아주고 싶더라만 으스러지면 어쩌겠느냐. 단박에 만난 것이라 정신을 차릴 수도 없었구나. 가뜩이나 둥글둥글한 호위병을 데리고 있으니 감히 다가설 엄두나 내었겠느냐.

네 모습은 청초한 박꽃이었단다. 내가 그려본 것이 그리 어긋난 것은 아니었으니 자연의 섭리를 떠올리며 박꽃을 노래함인지 박꽃을 떠올리며 너를 노래함인지 아련하기만 하구나. 어린 시절 네 모습은 또 얼마나 청초했을까.

기억 저편은 삼삼하니 서른세 해 전이 아니더냐. 여린 자색(姿色) 뒤편엔 성성하게 눈을 부릅뜨고 있을 너의 이성(理性)을 본단다. 하여, 가까운 이인 듯 먼 이인 듯 대할 뿐이지.

어둠 속에 피어난 하얀 미소는 얼마나 청신하고 아름답던지. 최고의 예절은 상대를 편안하게 하는 것이라니 그래서 너의 매너를 참 예쁜 짓이라 한단다.

잘 자거라 나의 아씨야. 달빛 기울 때까지.

섶을 타고 오르는 앙증
훈기만 스쳐도 흐너질 듯
여린 삭신이여!

밤이슬에 절은 입술
하얗게 바래
더욱 애닯고야

엉겁결에 달빛 머금은 불륜
배는
달만큼 불렀네.

– 시「박꽃」

그대는 포심채를 아시나요. 덜 익은 박을 둘로 쩍 갈라 삶아낸 다음 씨가 있는 부분을 긁어내고 살만을 살강살강 긁어모아 살짝 무친 포심채(匏心菜)를 그대는 아시나요.

입맛을 알아차리기도 전에 살짝 넘어가버리고 마는 그 담박한 맛을 그대는 아시는가요.

박고지를 그대는 아시나요. 박 껍질을 벗겨내고 속 씨 부분을 살살 긁어낸 다음 살점만을 길게 오려내어 말린 박고지를 그대는 아시나요.

연포탕에 넣어 발발 끓여도 싱검싱검하여 스님 공양인 듯 담박한 맛 그 맛을 그대는 아시는가요.

박 나박김치를 그대는 아시나요. 박을 얇고 네모지게 엇 썰어 간으로 살짝 숨을 죽인 다음 물김치로 담가놓은 그 박 나박김치를 그대는 아시는가요.

박이야 본시 주 부식 재료는 아닐지라도 빈한한 시절 허기를 채우는 구황(救荒) 식물 중 하나였으니 그 기억이야 분명 아픈 기억일 것이지만 아픈 것도 내 것이려니 세월이 지나가면 웃음 짓는 추억으로 떠오르는 것, 그대가 그 추억을 품고 계시는가요.

어린 시절 태풍으로 논밭 다 쓸려나가고 잿간 위에 올라앉은 박마저 땅에 떨어져 나뒹굴어 쯧쯧 하시던 어머니, 저걸 어쩌시나 보았더니 둘로 짝 갈라 삶아내시어 맛깔스런 박나물을 만들어내시던 어머니.

밥 달라고 조르던 철없는 어린것에게 이제 다 먹지 않았느냐시던 어머니, 태풍이 지나간 자리에 설익은 박들이 나뒹구는 모습을 보곤 철없이 입맛을 다시던 어제, 이젠 그 아련한 정경을 추억으로 되살려본다.

요즈음은 일부러 박을 찾더군요. 그 맛이 담박하고 철분이 많다나요. 대전 둔산동의 정부청사 뒷골목 어디쯤에 박고지를 넣고 끓여내놓던 연포탕이 별미더이….

산수유 꽃필 무렵

양평 개군면의 산수유 꽃 축제장이 개장 준비에 바쁜 모습이다. 여기저기 드나드는 길목에 현수막을 걸어놓는가 하면, 얼어붙었던 마을 안길과 도랑을 쓸고 치우며 바람에 날리는 폐비닐들을 모아 불을 놓기도 한다.

노란 꽃망울 아래 깔아놓은 자리 옆의 가마솥이 구수한 토장국 내음을 토해내는 것을 보면 곧 새참도 있을 모양이다. 한참이나 삭아진 괴목 아래 허리를 굽히고 흑갈색 덤불을 헤치며 푸릇푸릇 돋아난 쑥이며 달래 냉이를 찾아내는 여심들도 군데군데 눈에 띈다.

언 땅 뚫고 일어서는 싱그러운 새싹 같은 여인을 나네라 한단다. (백기완의 미인론에서) 연둣빛 꽃망울이 찬 기운을 뚫고 이제 막 노랗게 터지고 있다. 바로 나네다.

도랑네는 칠흑의 밤을 무너뜨리는 한 점 불빛의 여인으로 보면 된단다. 연둣빛 꽃망울이 모두 터지면 온 들판은 한 폭의 환한 파스텔화가 되리라. 바로 도랑네다.

너울네는 다른 사람을 위해 목숨을 던져 일한 후 아무런 대가를 바라지 않고 제 길을 가는 여자란다. 머지않아 떨어진 꽃잎을 자양으로 빨간 산수유 열매가 주저리주저리 매달리려니 떨어진 꽃잎은 바로 너울네라 하리라.

산수유는 산수유과에 속하는 낙엽소교목인 산수유나무의 성숙한 열매로, 그 꽃은 3월 중순에서 4월 초순까지 피며, 10월에 빨간 열매를 맺는다. 산지는 중부 이남에서 자생하며, 특히 전남 구례와 경북 봉화, 그리고 경기 양평과 이천이 유명하다.

열매의 약리작용은 이뇨작용과 혈압강하작용 항암작용이 있으며, 단백질의 소화를 돕고 혈중 백혈구의 숫자를 증가시키는 작용이 밝혀졌다 한다.

한약계와 민간요법에서 말하기로는 주로 간과 신장의 기운을 북돋워주고 신장이 허약해 발생하는 유정과 소변을 자주 보는 증상, 땀이 그치지 않고 월경이 과다한 증상에 효과가 있으며, 근골을 튼튼하게 하여 허리와 무릎이 시리고 아플 때나 팔다리에 힘이 없을 때 효과가 있다 한다. 또한 간의 기운이 약하여 눈이 침침하거나 어지럼증이 나타날 때 효과가 있다고도 한다.

열매를 생으로 먹으면 땀을 멈추게 하는 작용이 강하고 술에 쪄서 쓰면 신장을 튼튼하게 하는 작용이 강하다 한다. 다만 금기사항으론 평소에 몸에 습기와 열이 많은 사람이나 발기지속증이 있는 사람은 복용을 피해야 한다고도 한다.

이곳 산수유꽃축제는 이천 백사면의 축제와 함께 도심에서의 접근성이 쉬워 매년 서울의 많은 인파가 몰리곤 하는데, 내일 4월 6

일과 7일 이틀에 걸쳐 펼쳐진다고 한다.

해마다 이맘때쯤이면 간헐적으로 밀어닥치는 꽃샘추위로 인해 화사하고도 온화한 분위기가 많이 훼손되기도 하고 근래에 들어와서는 황사현상이 심해짐에 따라 봄을 잃어가고 있다는 말들도 많이 하는 것 같지만 산수유 꽃은 날씨 탓하며 그 화사한 꽃 빛을 잃을 것도 없이 황사를 마다할 것도 없이 봄을 날 것이며 곧 푸른 잎으로 갈아입고 튼실한 열매도 맺으려니 뒤틀리는 기상이변 앞에서도 나네, 도랑네, 너울네라 할 것도 없이 네, 네, 네라며 고개 숙여 답할 뿐일 게다.

이맘때쯤이면 으레 찾아오는 황사현상도 걱정할 상태는 아니어선지 올해는 예년에 비해 꽃빛도 한결 선명한 것 같고, 꽃잎이 그렇게 샛노란 것도 아니요 그렇게 화사하달 것도 또 그렇게 탐스럽달 것도 없지만 약속이나 한듯한데 어울려 피어 눈길을 끄니 평범한 듯 대견스럽다고나 해야겠다.

하나하나의 꽃잎엔 마치 분가루를 거칠게 쏟아놓은 듯도 하지만 자세히 들여다보노라면 짧은 주축(主軸)에 꽃꼭지들이 방사형으로 무수히 피어나 장관을 이루고 있음을 본다.

영화(榮華)라면 귀하게 되어 세상에 드러나고 빛남을 이르지만 그중 영(榮)은 나무 한 그루에 두어 송이 꽃이 피어있음을 뜻하고 화(華)는 열십자 여섯에 한일자로 구성된 것처럼 여러 송이의 꽃이 피어있음을 뜻한다고 한다.

그러고 보면 영(榮)이나 화(華)나 모두 꽃을 두고 하는 말이겠지만 앞엣것은 홀로 피어나, 뒤엣것은 함께 피어나 빛남을 이르는 것이 아닌가 싶기도 하다. 그러기에 영예(榮譽)는 홀로 영광스럽고 명예로운 느낌으로 다가오지만 때로는 치욕이 따르기에 영욕(榮辱)이란 말도 생긴 것 같고, 번화(繁華)는 함께 번성하여 화려하다는 느낌이 더 강하게 다가오니 화사(華奢)나 화려(華麗)란 말들을 할 뿐 달리 잘못되는 일을 상정하고 있지는 않는 것 같다.

특히나 만행(萬行) 만덕(萬德)을 닦아 덕과(德果)를 장엄하게 하는 일을 두고 화엄(華嚴)이라 하는 걸 보면 한가지로 피어나 빛남보다 함께 어우러져 빛남을 제일로 치는 게 아닐까싶다.

자고로 여인네들은 꽃같이 예쁘길 좋아하고 왕후장상들은 꽃밭에서 노니는 걸 제일 호사스럽게 여기기도 했지만 화발(華髮)의 나그네는 그저 옷깃에 꽃잎을 살짝 스치며 조용히 지나갈 뿐인데, 못난 시 하나 옮겨본다.

물 길어 올리는 손
버짐 핀 얼굴 문질러보고
터진 손등 포개어 연신 비벼대던 누이

큰맘 먹었는지
선 밥상 차려놓고
사립문을 나섰으니

노랑저고리 마름하던 기다림
아른아른 산화(散華)하고 말아
밥상보 걷어내고 홀로 꽃밥 먹네. - 시 「산수유 꽃필 무렵」

2.

창가에 앉아

세월 가면 그리움만 남고

아도니스(adonis, 아프로디테의 사랑을 받았다던 미소년)가 이렇게 생겼을 것 같은 사내. 경상도 사투리를 쓰던 그를 만난 것은 5·16이 일어난 다음 다음해인 1963년 여름이었다. 서로 형이라 부르던 만 열아홉 살의 어린 시절 그때, 우리가 어떤 인연으로 하필 서울의 남산 중턱에서 만났던 것인지 그것은 기억에 없다. 다만 우리는 한 달 가량 함께 지내면서 마음을 수양한다고 어느 도관(道館)에 다니던 일이 떠오를 뿐이다.

김형! 헤르만 헤세의 '나르시스와 골드문트'가 생각납니다. 나르시스는 정신의 길과 육체의 길을 엄격히 구분하고 그중 정신의 길에 깊이 몰입하지요. 태초부터 있었던 로고스의 삶을 살아가는 사람이라고나 할까요. 그는 속세로부터 멀리 떨어져 고답한 성당 안에 은둔하면서 오로지 이성의 소리에만 귀를 기울이는 성직자의 길을 갑니다. 그러니 신의 아들이 되는 셈이군요. 그러나 골드문트는 이와 다르지요. 나르시스가 머물고 있는 성당을 박차고나와 속세에 뛰어들어 온갖 체험을 다하면서 인생을 하나씩 체득해나갑니다. 그러니 바람의 아들이 되는 셈이군요.

그는 오랜 동안의 방랑에서 조금씩 자아를 깨닫게 됩니다. 그래서 모든 존재가 정신과 육체, 성(聖)과 속(俗) 등 일치할 수 없는 대립과 모순에 빠져있다는 견해에 도달하게 되지요.

> 어느 곳에서도 들이쉼과 내쉼, 남성과 여성, 자유와 질서, 충동과 정신을 동시에 체험할 수는 없었으며 언제나 어느 한 가지의 대가를 다른 쪽을 상실함으로써 지불해야만 했다. 그러나 아, 전체의 인생이란 이 두 가지가 얻어질 때에만, 즉 이 메마른 이것이냐 저것이냐로 인생이 갈라지지 않을 때에만 의미가 있었다!

이와 같은 골드문트의 독백은 그러한 결과일 것입니다. 하지만 그의 마음속에는 세속의 삶에도 신의 숨은 뜻이 따로 있을 것이란 예감도 갖습니다. 이것이냐 저것이냐의 대립과 모순은 이를 극복하는 과정을 통해서만이 더욱 빛이 나고 풍요해진다는 것을 깨닫게 되지요. 이러한 깨달음은 골드문트로 하여금 삶의 긴 여정을 끝내고 나르시스를 만난 다음 이제 예술의 길로 들어서게 합니다. 바로 인간의 모태인 이브 상(像)을 창조해보고자 하는 것이지요. 이브는 탄생의 근원으로서 정신도 육체도 이성도 감성도 모두 내포하는 완전성의 상징일 테니까요.

이젠 그 길을 알았으니 그는 나르시스를 이해할만 합니다. 이브상 속엔 정신의 길도 그 축의 하나로 들어있는 것이니까요. 나르시스도 자신과 대립적인 육체의 길을 걸어온 골드문트가 다른 어떤 정신인보다도 더 생생하게 이브의 상을 구현할 수 있음을 이해합니다. 이브의 상 속엔 육체의 길도 그 축의 하나로 들어있는 것이니까요. 그러나 헤르만 헤세는 골드문트로 하여금 유한한 속세의 삶으로는 완전성의 상징인 이브 상에 도달할 수 없음도 깨닫게 하지요.

김형, 결국 속세와 정신계, 이성과 감성, 자유와 제약 등 대립적 개념들이 하나로 통합되어야 인간이 완성된다는 것을 일깨워주고 있다고 하겠습니다. 그러나 그것이 유한한 속세의 삶으로는 다 이룰 수 없는 것이라니 살아가면서 정신계에 의지하거나 한없는 수양의 길을 걸어야 함을 깨달아야 할 것 같습니다.

김형! 그때 우리는 도관에서 자신의 주제를 가지고 회원들 앞에서 발표를 한 일이 있었지요.

그대는 하나님에게 귀의할 것을 역설하였고 나는 불교의 사성제(四聖諦)와 팔정도(八正道)에 대해 장황하게 설명하던 일이 떠오릅니다. 지금 생각해보니 살아보지도 않고 성인의 말씀을 빗대어 삶에 대해 함부로 뇌까렸으니 그 일을 생각하면 뒷머리가 스멀거리기만 합니다.

김형, 지금도 복음을 전하고 계십니까? 우리는 그때 한마디의 말이나 한두 권의 책으로 인생을 모두 깨달아보려 했으니 참으로 치기어린 짓이었다고 하겠습니다. 지금도 나는 삶이 어떤 모습이어야 하는지를 모르고 갈팡질팡하는데 말입니다.

그때 나는 어렵게 사범학교를 나와 간신히 초등학교 교직의 자리를 얻었으나 군사정부에 의해 병역미필이란 이유로 내침을 당했으니 낭인의 신세였지요. 핑계 김에 마음 수양한다고 몇 푼 안 되는 노자를 쥐고 무작정 상경했으니 궁색하기 이를 데 없었군요. 우리

참 많이도 걸어 다녔던 기억이 납니다. 그 후로도 정신적, 육체적으로 빈약하기 그지없었기에 많은 방황도 했었지요.

김형, 아마도 지금쯤 성직자의 길을 걷고 있을지도 모르겠네요. 성직자가 아니면 또 어떻습니까. 성스러운 삶을 영위해나가면 그게 성직이 아니겠습니까. 이 시대에 성직자는 있으되 성직의 도(道)는 드물다는 말도 들리는 걸요.

나는 김형과는 달리 사회 구석구석을 무던히도 쏴 다녔답니다. 낙산 기슭에서 학업기회를 놓친 이들을 모아 야학을 열기도 하고 단칸방에서 남대문시장의 호객꾼들과 함께 혼숙을 하는가 하면 어느 부잣집이나 고관댁 자녀를 가르치기 위해 소위 입주교사를 하기도 했지요. 대학생활은 차라리 나만의 영달을 위해 영혼을 가두어뒀던 시기라고 해야겠습니다.

어렵사리 공직에 발을 들여놓으면서부터 위세 당당한 권력의 실상도 많이 들여다봤답니다. 권력과 재력의 결탁, 권력과 명예의 야합, 권력과 환락의 동행, 권력과 빈곤의 갈등, 권력과 시대의 무상 등을 숨 가쁘게 들여다보면서 한밤중엔 가슴도 많이 쓸어내렸지요. 아마도 아무데서도 안주할 데를 찾지 못했기 때문일 것입니다.

그뿐만도 아니었으니 생존과는 무관한 자신의 명예를 위해 남의 생존조차 짓밟는 처절한 현장에 있었던 일들을 떠올리면 모골이 송연해지기도 하지요. 이제는 돌아와 거울 앞에 선 탕아처럼 지난 궤적들을 뒤적거리고 있을 뿐입니다.

김형, 지난 학창 시절, 나는 공주 시내의 중심을 흐르는 금학천

가에서 자취를 한 일이 있었답니다. 이른 아침이면 하얀 입김을 뿜어내며 수건 허리에 차고 금학천으로 갔었지요. 방학이 끝나면 모두들 그렇게 모여들었으니 서로 깨끗한 물을 찾아 양치질 하고 세수하기 위해 위로 위로 올라가게 되었습니다. 부지런을 떨던 나는 제일 꼭대기까지 올라가곤 했지만 올라가도 올라가도 그에 비례해 물이 깨끗해지는 것은 아니었습니다.

얼마 전 한강 원류를 따라 거슬러 올라가는 이상한 사람들의 이야기도 들었습니다. 장장 494.44킬로미터의 한강 발원지는 검룡소(儉龍沼)라는 곳이라는데 두 물이 하나로 어우러지는 정선 아우라지에서 공지천을 거슬러 삼척, 태백의 경계까지도 거슬러 올라가면 삼수령이 나온다네요. 이 삼수령 동편 금태봉의 북서쪽 계곡에 검룡소가 있다는 군요. 맑은 물을 떠 마시기 위해 이곳까지 들른다는 것이니 참으로 어안이 벙벙했습니다. 그 많은 한강수를 놔두고 이 물을 잘라 마신다면 몇 사람이나 목을 축일 수 있을까요?

김형, 물은 흘러가면서 깨끗해지는 것이라 합니다. 바로 자연은 자정(自淨)능력이 있기 때문일 테지요. 삶도 이와 마찬가지여서 우리들 본성에 이성이 있기에 속세에 묻혀 살아가더라도 점점 수양되면서 따뜻한 인간미나 아름다운 향기가 피어나는 것이라 합니다.

정말 그런 것입니까 김형? 그러나 그 따뜻한 인간미라는 것들이 정신계를 지향하는 성직자라거나 고매한 인격 소유자들이 있기에 그를 닮아 흉내내보는 것이 아닌가도 생각해봅니다. 바로 그것이 한강의 원류를 떠올리게 하는 삶에 있어서의 순수성의 원류라고 하겠지요. 김형이 지금쯤 성직자의 길을 걷고 있다면 바로 그런 원류라고 생각해봅니다.

김형, 이젠 한번 만나 봐도 좋지 않겠습니까? 나르시스와 골드문트가 만난 것처럼 말입니다.

앞으로의 삶을 위해 무엇을 어떻게 해야 할지를 그때와 같이 이야기해보고 싶습니다. 그러나 이것보다도 나처럼은 살지 않았을 그대의 지난날들이 듣고 싶은 것입니다.

입동이 스쳐간 이웃 호숫가엔 낙엽이 소리 없이 떨어져 쌓여만 갑니다. 낙엽이 그렇게 세월을 뚝뚝 떨어 내리고 세월은 육신을 후둑후둑 허물어 내릴지라도 우리 서로 소식이 닿지 않을지라도 늘 평안합시다 김형! 마지막으로 낙엽의 노래 하나 붙여보며 엔터를 칩니다.

낙엽 하나 떨어지매 연녹색 대지를 되돌아보고
낙엽 하나 떨어지매 암갈색 삭정이를 내다본다

낙엽 하나 떨어지매 그대 갈라진 발등을 보고
낙엽 하나 떨어지매
그대 터진 손등을 만져본다

낙엽 하나 떨어지매 소담한 웃음 접고
낙엽 하나 떨어지매 작은 옷소맬 여민다

낙엽 하나 떨어지매 겨울 끝자락을 보며
낙엽 하나 떨어지매 봄도 그 뒤에 숨어있으려니
아, 이젠 목덜미조차 흠뻑 적셔보리라.

– 시 「낙엽 하나 떨어지매」

감나무 아래서

해마다 추석이 가까워오면 아낙들은 차례상을 준비하기에 바쁜 마음이다. 이와 달리 남정네들은 먹고 즐기고 만나는 일을 떠올리며 미리 달뜨게 마련이다. 명절을 앞두고도 남녀의 감정 사이에 이런 틈새가 나타나 갈등을 빚기 일쑤인데 대소가의 친척들이 한자리에 모이게 되면 남성은 남성끼리 여성은 여성끼리 시샘이나 뽐냄이 지나쳐 불화로 비화하는 사례도 자주 듣곤 한다.

추석에 앞서 벌초를 하다 말고 나무그늘 아래 잠시 쉬려니 밤나무에 매달린 밤송이는 군데군데 누릇누릇한데, 감나무에 매달린 감은 아직 하얀 가루를 뒤집어쓴 채 잎사귀에 얼굴을 가리고 있다. 그것이 분단장을 하고 수줍어 고개를 돌리고 있는 앳된 모습이면 좋으련만 마치 관자놀이를 붉히고 숨어 누구를 노려보는 것이거나 잔뜩 노기를 품고 있는 떫은 몰골 같기만 하다. 아마도 머지않아 누가 따내거나 그것도 아니면 자연스레 땅에 떨어져 박살이 날판인데도 그렇게 그늘 속에 냉랭하게 숨어있는 것이다.

속담에 '못 먹는 감 찔러나 본다'는 말이 있다. 여기서 감이 의미

하는 것은 과일의 그 감이기도 하겠지만 사람의 마음속에 들어찬 심술을 부릴 때 그 대상을 두고 하는 말이기도 하다. 땡감을 따먹어도 이승이 낫다고 하는 말은 삶 속에서 제일 떫고 서러운 게 땡감 맛이란 뜻도 되지만 그래도 그 맛을 보면서 억척같이 살아보리란 뜻도 있는 것일 텐데, 그 땡감 맛조차 보지 않고 해코지나 하겠다는 것이니 참고 가꾸면서 기다려 내 것으로 만들어보려는 사랑을 마다하고 서로의 삶을 짓밟아보겠다는 것 같아 참으로 어처구니없는 시기나 질투가 바로 이런 것이 아닌가 하는 생각마저 든다.

질투의 화신이라면 장화홍련전이 생각난다. 서양에선 오셀로의 '이아고'를 떠올리게 된다. 셰익스피어의 많은 작품들 중에서도 4대 비극 가운데 하나인 「오셀로」를 최고의 걸작으로 꼽기도 하는 모양인데, 그것은 아마도 작품 속에 '이아고'라는 독특한 캐릭터를 만들어놓았기 때문일 것이다.

'이아고'는 자기와 경쟁관계에 있는 캐시오에 대한 시기와 질투심이 작용해 상관 오셀로의 아내인 데스데모나와 동료 캐시오의 불륜을 교묘히 조작해냄으로써 오셀로로 하여금 원한과 질투심을 불러일으켜 모두를 파멸로 치닫게 한다. 결국 오셀로는 부하 '이아고'에게 캐시오를 죽이도록 하고 자신은 아내 데스데모나를 목 졸라 죽인 다음 자신도 자살하는 것으로 작품은 끝맺지만 '이아고'는 선한 마음에 눈 감은 것 외에는 얻은 것도 잃은 것도 하나 없게 된다. 그러고 보면 참으로 어이없는 시기 질투요 흉계의 결과라 하겠지만 인간 내면에 깊숙이 숨어있는 고약한 본성을 적나라하게 드러냄으로써 사람들로 하여금 각성하게 하는 것 같아 동서양을 통해 이를 걸작이라 하는지도 모른다.

흔히 사랑 뒤엔 질투가 숨어있고 질투는 사랑 때문에 하는 것이란 말들도 한다. 오셀로도 그 아내를 죽이고 나서 자살하기 직전에 아내를 사랑한 사내였다고 독백하는 것을 보면 캐시오에 대한 질투심에서 사랑하는 아내를 죽인 셈이 되니 여기서도 질투가 곧 사랑이란 말이 성립되는 듯도 하다. 하지만 우월한 사람을 시기하고 증오하는 감정을 질투라고 할 때 사랑을 무엇이라고 정의하느냐에 따라 질투와 사랑의 함수관계는 다르게 된다.

사랑에 대한 질투는 자신의 유전자를 보존하고 퍼트리려는 공격적 방어적 본능에 유래한다고 한다. 이런 유형의 질투라면 사람이나 짐승이나 다름이 없을 테니 그 질투를 유발하는 사랑이라는 건 실은 사랑이라 말할 수 없을 것이다.

서양문화에서 사랑의 한 유형으로 보는 에로스는 그 개념이 플라톤의 「향연」에 기원한다. 에로스는 풍요의 신 포로스(poros)를 아버지로, 결핍의 신 페니아(penia)를 어머니로 하여 그 사이에서 태어났기 때문에 진 선 미의 모든 배고픈 상태에서 풍요를 향한 열병이라는 사라지지 않는 본성이 나오게 된다. 하지만 이성에 대한 사랑은 그것을 아무리 소유하려해도 소유할 수 없고 체내화 하려해도 체내화 할 수 없는 것이기에 한없는 갈증에 허덕이게 마련이요 비록 사랑을 일시적으로 소유했다 하더라도 그런 소유는 상실을 수반하기 때문에 불안감에 이은 질투심은 피할 수 없게 된다.

그렇다면 사랑은 함께 가꾸며 누리는 것이지 소유하거나 독점하는 것은 아니란 생각에 이르게 된다. 그럼으로써 질투심이 없는 평온한 상태에서 사랑을 누릴 수 있지 않나 싶은 것이다. 사랑에 관한 바울의 글을 빌려보더라도 에로스는 삶의 뜨거운 열정일 뿐, 진정한 사랑이라 할 수는 없다. 왜냐하면 사랑은 오래 참고 온유하며 질투와 시기를 하지 않고 자기만의 유익을 구하지 아니하며 악한 것을 행하지 아니한다고 했으니(고린도전서 13장 4-7절) 그런 것이다.

김삿갓으로 더 잘 알려진 방랑시인 김병연은 밤송이가 누렇게 익으면 벌에 쏘이지 않더라도 벌어진다고 노래했다(後園黃栗不蜂折). 물론 처녀성의 상실을 그렇게 풍자한 것이겠지만 세월이 가면 가시 같은 경계의 눈초리도 서릿발 같은 분노도 노여움도 모두 사그랑이가 된다는 뜻으로도 읽힌다. 살아간다는 건 결국 세월에 부대끼면서 오래 참는 것이요 시기나 질투 없이 온유한 가운데 이웃들과 정을 나누는 게 아닐까.

단군 왕검에겐 고실(高失)이라는 신하가 있었다 한다.(정연규의 '언어로 본 우리 상고사' 중에서) 그분이 농사짓는 일에 능해 백성들이 배불리 먹고 살 수 있게 했다는 것이다. 들녘에서 농사일을 하다가 들밥을 먹으려면 농부들은 먼저 밥 한 술 떠서 허공에 뿌리며 "고수레에!"를 외친다. 그게 고실에게 예(禮)를 표하자는 고실례(高失禮)에서 온 말이라 한다.

감나무단지의 많은 감을 수확하게 되면 어떤 형태든 주변에 감사의 표시를 해야 할 게다. 그런데, 까치밥도 있지 않던가. 감나무에 까치가 먹을 수 있게 남겨놓은 감을 까치밥이라 하는데, 감이 적당히 익으면 그걸 따내다가 으레 하나는 남겨놓게 마련이니 그것도 고수레의 한 형태요, 마음의 여유가 아닌가 싶은 것이다.

감히 누가 나를 거역하느냐고 야단치던 때가 있었다. 세월이 흘러 가지에 매달린 감이 스스로 땅에 떨어져 내리듯 세월이 가면 땡감의 '감히'가 홍시의 '감이'로 바뀔 수밖에 없다. 그건 감히의 'ㅎ'이 감이의 'ㅇ'으로 변하는 것이니 그만큼 자신감도 웃음도 줄어들 수밖에 없지 않을까싶은 것이다.

> 겉치레 다 떨어내고 속치레로 남아
> 볼그레한 속살 환하기도 해라
>
> 그땐 노여움 가득 찬 몰골로 돌아앉아
> 속내 감추려 백옥 분단장이나 하는 줄 알았지
>
> 누가 똑 따내어 구정물에 처넣거나
> 제풀에 떨어져내려 박살나는가 했더라만
>
> 그늘 속에 피워내던 꽃 뚝뚝 떨어내려 바닥에 수놓더니
> 이젠 달콤한 살점으로 보시할 날 기다리느냐.
>
> – 시 「감」

다시 일어나 쭈뼛한 머리카락에 개운한 가을볕을 쏘여보면서 가족들과 함께 도란도란 추석 맞을 생각에 잠겨본다.

남당리 새조개축제

충청도 홍성의 남당리에선 해마다 새조개축제가 열린다. 올해엔 1월 초부터 3월 말까지 열리는 모양이지만 축제가 시작되노라면 몰려드는 인파로 복잡하기도 하려니와 으레 덩달아 물가가 오르게 마련이어서 느지막이 들러보았다.

새조개는 새조갯과에 속하는 쌍패류(雙貝類)의 하나로 원반형이다. 껍질의 표면은 매끈매끈한 곳에 물결모양의 맥이 있고 거기에 벨벳모양의 작은 털이 나있다. 안은 홍색이고 보드라우며 살빛은 담회색인데 그걸 초장에 회를 만들어 먹기도 하지만 파를 송송 썰어 넣고 끓는 물에 살짝 데쳐서 먹으면 달콤하기도 비릿하기도 하거니와 잘강잘강 씹으면 더없는 감칠맛이 난다.

생물의 껍질을 벌리고 안을 들여다보면 마치 새가 깃을 틀고 있는 형상을 하고 있을뿐더러 살짝 데쳐 먹으면 맛이나 모양이 새고기와 비슷하다 하여 새조개라 한다지만 다섯 명이 늘어앉아 4킬로그램이나 데쳐먹었으니 어지간히도 많이 잡아먹고 까먹은 셈이다.

서해안고속도로를 달려오느라 꺼진 배도 다 채워졌으니 천수만

철새도래지를 거쳐 간월암(看月庵)을 둘러보기로 했다. 주차장에 세워둔 승용차에 시동을 걸고 주행하려니 '우지직' 하면서 으깨지는 소리에 잠시 멈췄다. 다른 사람들이 먼저 잡아먹고 까먹은 새조개 껍데기들이 승용차 바퀴에 짓눌려 바스러지는 소리였던 것이다.

조개는 오로지 조개껍데기만 남겼다.

이건 한 줄로 된 최승호의 시이지만 짧은 시어 속에 함축된 의미가 실로 크다. 사람이 살다 가는 모습이 빈 바랑과 바리때를 남겨놓는 것과 무엇이 다르랴. 만약 저 새조개들이 제 수명대로 다 살았더라도 속살은 다 썩혀 바닷물에 휩쓸려 보내고 껍데기로 남아 예제서 햇볕바라기나 하고 있으려니, 사람 또한 이와 마찬가지여서 종당엔 해골바가지로 나뒹굴리라.

살보시라면 여자가 중에게 몸을 허락함을 농으로 일컫는 말이지만 새조개는 탐식가들에게 몸을 다 내주고 껍데기가 된 채 다시 이렇게 바스러질 뿐이니 이게 살보시가 아니고 무엇이랴. 하지만 저렇게 잡히고 까이고 바스러지는 미물들인들 왜 꿈이 없었으랴.

봉긋 오른 어깨
물 구비 등
환한 입 두 손으로 가린 채
솜이불 갯벌에 고고히 산다

살며시 고개 들어 옥빛 하늘 마시고
다소곳이 고개 숙여 쪽빛 바다 마시고
사르르 내려앉아
파도 소릴 듣는다

새근거리는 소리
바람에 실리어 수평선에 구르고
앙증스런 실룩임
바다를 흔들며

투명한 속살
하얀 가슴 젖꼭지에 매단 채
고담한 젖비린내
태고를 꿈꾼다.

- 시 「백합」

불가에선 깨달음의 과정을 흔히 심우도(尋牛圖)에 비유해 설명한다. 그 마지막이 입전수수(立廛垂手)인데 손수 저잣거리에 나서서 손으로 베풀라는 뜻이라 한다. 남당리의 해안 방파제를 따라 달리면서 석양의 바다에 눈길을 주다가 천수만 방조제를 건너니 잠깐 새에 간월암 앞에 닿았다. 무학대사가 이곳에서 달을 보고 오도송(悟道頌)을 지었다 해서 간월암(看月庵)이 되었다는데, 마침 밀물 때여서 암자로 들어가는 길은 바닷물에 잠겨 외롭기만 하다. 노 없는 나룻배에˙몸을 싣고 줄을 당겨 건너려니 만해선사의 나룻배가 떠오른다.

나는 나룻배
당신은 행인

당신은 흙발로 나를 짓밟습니다
나는 당신을 안고 물을 건너갑니다
나는 당신을 안으면 깊으나 옅으나 급한 여울이나 건너갑니다

만일 당신이 아니오시면 나는 바람을 쐬고 눈비를 맞으며
밤에서나 낮까지 당신을 기다리고 있습니다
당신은 물만 건너면 나를 돌아보지도 않고 가십니다 그려

그러나 당신이 언제든지 오실 줄만은 알아요
나는 당신을 기다리면서 날마다 날마다 낡아갑니다

나는 나룻배
당신은 행인.

– 만해, 「나룻배와 행인」

만해는 입전수수를 저 나룻배에서 깨닫고 그것을 님의 침묵으로 노래했을 성싶다. 비틀거리는 몸을 가누느라 얼굴을 잔뜩 일그러뜨리기도 했지만 날마다 날마다 낡아가는 나룻배야 투정 한마디 있을 리 없다. 암자에는 스님은 고사하고 참배객조차 없이 고즈넉하다. 자그마한 부처님 상 홀로 바다를 향하고 있지만 여기가 바로 대오(大悟)의 현장이 아니던가. 원효선사가 득도하면서 지었다는 오도송

(悟道頌)이 떠오른다.

青山疊疊彌陀窟(청산첩첩미타굴)
蒼海茫茫寂滅宮(창해망망적멸궁)

첩첩이 둘러싸인 청산이 아미타굴이요
망망한 푸른 바다가 적멸보궁이라.

배산임수(背山臨水)의 풍광도 없이 푸른 바다에 앉혀진 간월암. 조선 말기를 살아간 걸출한 선사 경허(鏡虛)도 이곳에 잠시 주재했다 한다. 그는 이곳을 거쳐나간 뒤 방랑지에서 세수 64세로 숨을 거뒀다지만 몸과 마음을 스스로 세월에 부대끼며 파란만장한 삶을 살아간 것도 예삿일이 아니거니와 육척 장신의 거구를 이끌고 전국 산사를 찾아들며 깨우침의 큰 흔적을 골고루 남겨놓고 홀연히 열반하였음은 후대의 불교계와 범인들에게도 많은 깨우침을 준다. 그 마지막 열반송은 '그 또 무엇이란 말이냐'고 묻고 있으니 범부들이야 그 한량없음을 어찌 헤아릴 수 있으랴.

心月孤圓 光呑萬象(심월고원 광탄만상)
光境俱忘 複是何物(광경구망 복시하물)

깨달은 마음은 스스로 일원상을 이루니
그 마음은 만상을 덮는 도다

그러나 마음과 인연의 이치 모두 잊었거늘
그 또 무엇이란 말이냐.

\- 경허

경허선사의 흔적을 찾아보려 기웃거려보지만 안으로 옆으로 뒤로 돌아 둘러보아도 담장 밖의 댓잎 사각거리는 소리만 들릴 뿐이었으니 다시 나룻배에 몸을 의지해 뭍으로 나올 수밖에 더 있으랴. 입전수수라… 돌아 나오는 길 양편의 저잣거리에는 해풍에 하얀 속을 꾸덕꾸덕 말리고 있는 박대들만 즐비하더라.

논길에서

논길을 걸었다. 곡우를 지나 입하를 앞둔 때이다. 모내기까지는 한두 절(絶) 더 기다려야 한다. 논물이 차기를 기다릴 것도 없이 하릴없는 모습이 마냥 한가롭기만 하다.

무얼 보고자함도 아닌데 왼쪽 논벌에서 한 마리, 오른쪽 논벌에서 한 마리, 이렇게 백로 두 마리가 눈에 들어왔다. 서로 적당히 떨어져 목을 빼고 먼 들판을 보는 듯 나를 경계하고 있는 것이었다. 나도 경계심을 풀어주기 위해 다른 들판을 보는 듯 돌아서며 외면하니 또 누군가가 나를 쳐다보고 있었다.

우리에겐 세 유형의 몸짓이 있다. 하나는 존재하는 것(Being)이요 둘은 보는 것이요 또 하나는 들여다보는 것이다. "나야!" 라는 게 그 첫째인데, 황제의 도움도 마다하고 세상천지 모든 욕망 저버린 채 통 속에 들어앉아 오로지 햇볕 바라기만 즐겼다는 고대의 어느 철인(디오게네스)은 오롯이 첫째의 몸짓만 고집한 대표적 경우라 하겠다. 허나 보통사람들이야 살아가면서 그것만으론 만족할 수 없을 것이다.

두 번째 몸짓은 보는 것이다. 그중에서도 해보는 것이야말로 제일 확연한 몸짓이다. 욕본다는 건 해보기 위해 에너지를 소비하는 것이요 애를 많이 씀을 말하지만 살아감에 좋으나 궂으나 땀을 많이 흘려야 한다. 그 과정에서 희열과 비애도 함께 맛보게 되는 것이다. 존재를 넘어서 그 의의를 현현(顯現)하는 건 바로 이런 몸짓이다. 허나 자신의 능력이나 정체성을 넘어서 해보거나 보여주려 한다면 병폐에 이르고 만다. 어느 심리학자는 이를 일러 노출증이라 했다.(프로이트) 모름지기 적당히 나대며 살아갈 일이다.

세상은 나 홀로 존재함이 아니다. 그게 생물이든 무생물이든 무수한 존재가 나를 에워 쌓고 있다. 그러기에 치열하게 살아가되 때로는 남을 들여다봐야 한다. 그것도 연민의 정으로 말이다. 하지만 들여다보는 것 역시 지나치면 병폐에 빠진다. 저 사람 장 속에 무엇을 숨기고 있는지, 심지어는 입고 있는 속옷의 태그는 무엇이 붙어있는지 궁금해 자꾸자꾸 들여다보면 어찌 될까. 이를 일러 프로이트는 관음증이라 했다. 모름지기 적당히 해보고 적당히 들여다봐야 하는 이치다.

백로에 조금 더 가까이 다가가 그게 혹시 백로가 아닌 두루미나 황새가 아닐까 해서 카메라에 담아보려니 왼쪽 논벌에서 후루룩, 오른쪽 논벌에서 후루룩 하고 다 날아가 버렸다. 보는 것도 바라보는 것도 적당한 거리를 두어야 함을 잠시 잊었던 것이다.

어느 시인은 두 갈래 길 중에서 「가지 않은 길」을 노래했다.

노란 숲 속에 길이 두 갈래로 났었습니다.
나는 두 길을 다 가지 못하는 것을 안타깝게 생각하면서,
오랫동안 서서 한 길이 굽어 꺾여 내려간 데까지,
바라다볼 수 있는 데까지 멀리 바라다보았습니다.
… 중간 생략 …
훗날에 훗날에 나는 어디선가
한숨을 쉬며 이야기할 것입니다.
숲 속에 두 갈래 길이 있었다고,
나는 사람이 적게 간 길을 택하였다고,
그리고 그것 때문에 모든 것이 달라졌다고.

- 로버트 프로스트

욕심이 지나치면 패가망신한다. 겸전(兼全) 주의를 경계해야 할 이치다. 권력이면 권력, 명예면 명예, 금력이면 금력 하나만 추구해야 한다. 그 이웃까지 넘보면 공동사회까지 허물어지게 된다. 가지 않은 길에 대해 후회야 없을 수 없겠지만 두 길을 한꺼번에 가려다 후회하는 일은 없어야 하리라.

존재하는 것도 해보는 것도, 또 들여다보는 것도 지나치면 배 터지기 마련이다. 지난 4월의 세월호가 그렇지 않았던가. 하나를 취했으면 하나는 버리는 결단도 필요하다. 세월호에 올라탄 과욕들이 그렇지 않았던가. 배 터지던 날 써봤던 못난 시를 떠올려보며 가던 길에서 돌아섰다.

얼굴들고별빛에눈맞추더니개똥쇠똥말똥쥐
똥퍼드득퍼드득퍼지르네똥례는시집간다고
죽을똥살똥점복이는들판에서눈만말똥개똥
밭에인물난다고똥바가지데굴데굴쇠똥구리
타고앉아기우똥기우똥똥친막대기개굴창에
뎅굴뎅굴똥통의구데기는밑만보고흐물흐물
똥묻은개겨묻은개나무란다고저똥저저똥개
똥도약이라면온데간데없고황희정승거위앞
에똥나오기며칠이냐나무에서떨어지면똥물
먹인다지소리지르다병이나도똥물먹인다네
똥누러갈땐굽신굽신똥누곤헤죽헤죽똥뒤집
어쓰면재수있다고똥꿈기다리더니똥구루마
지나가자고개숙여눈만말똥똥물에튀길녀석국진이는피한다고비똥비똥
고한다고비똥 먹구똥못먹을것먹고마음조리다된똥싸더니
기어코배 탈나물똥주룩주루룩접똥새는
해진 다고접똥접똥.

(펜문학 2014. 11・12월호, 「세월호 옆에서」 전문)

달래강

수안보 상류에서 발원해 남한강에 합류하는 달천은 달래강으로 더 잘 알려져 있다. 오누이가 길을 가던 중 오라비가 제 누이에 욕정이 생겨 갈등을 겪다가 자해하여 강에 뛰어들었다던 달천. 이를 뒤늦게 안 누이가 '달래나 보지 왜 몸은…' 하며 한탄하였다 하여 달래강으로 부르게 되었다는 서글픈 전설인 것 같다.

키프러스의 왕인 키니라스의 딸 미라(Myrrha)는 미의 여신 아프로디테와 다투게 된다. 이에 화가 난 아프로디테는 미라의 가슴에 아버지에 대한 강한 욕정을 심어 복수를 하게 된다. 키프러스 왕국의 축제기간 중에는 어린 처녀들이 왕에게 수청을 들게 되어있는 것을 기화로 아프로디테는 키니라스 왕의 딸 미라도 수청을 들게 했던 것이다.

그것도 모르는 왕은 어두운 장막 아래서 그의 딸과 파렴치한 행위를 저지르고 마는데, 왕은 그 어린 처녀가 너무 마음에 들어 매일 불러 불륜을 일삼게 된다. 그러던 어느 날 왕은 그녀가 잠든 사이 램프를 켜고 자세히 들여다보니 아아, 그건 자기의 딸이 아닌가.

하여, 왕은 미라를 향해 검을 뽑아들었으나 미라는 멀리 도망치고 마는데, 그로부터 한참 뒤에 왕이 죽자 미라는 허탈상태에 빠지게 된다.

목숨을 부지해서 산 사람들을 욕되게 하고 싶지도 않고 죽어서 지옥으로 떨어진 사람을 화나게 하고 싶지도 않았던 미라는 신(神)들에게 중도적인 해결책을 마련해 달라고 애원하기에 이른다. 그러자 서서히 자신의 다리가 나무뿌리로 변하고 팔은 나뭇가지로, 자신의 피는 수액으로, 살갗은 나무껍질로 변하고 만다. 그녀가 흘린 눈물은 수지로 변해 나무 몸통에서 줄줄 흘러나왔다 하니 결국 미라는 근친상간의 죄업으로 미루나무가 되었던 것이다.

> 달래강의 전설이나 미라에 관한 이야기가 아니더라도 인간의 원형은 신화나 전설에 담겨있다고 한다. 하여 신화나 전설을 이성의 눈으로만 이해할 수는 없다는 것이다. 왜냐하면 실타래 같이 얽혀있는 인간의 욕망구조를 한 가닥의 잣대로만 규정지으려는 것 자체가 모순이라는 것이다.
>
> \- 이준의 「神話, 그 현재적 의미」에서

원시상태에서는 성에 관해 강압적 독점적 행태가 강하였을 것이나 인간 공동체의 고도화에 따라 공동선의 추구와 우생학적 관점에서 성에 윤리의식이 강하게 개입하였을 터요, 그 윤리의식의 하나로 근친상간이라는 특정행위를 죄악시한 게 아닐까.

이렇게 본다면 원시형태의 성 의식에서부터 얼마나 멀리 떨어져 순화하였는지에 따라 그 문화의 고급 정도를 구분할 수 있지 않을까싶다.

이를 수긍한다면 부녀간의 근친상간을 놓고 무참히 단죄하고 마는 서양의 신화에 비해 우리의 달래강 전설은 얼마나 시적이며 고급스러운가. 남매 사이의 근친상간에 관해 공격적 입장에 있는 남성은 그의 성기를 스스로 파쇄해 극도로 절제하는 모습을 보이는 한편, 반면에 방어적 입장에 있는 여성은 해원의 차원에서 "달래나보지!"를 노래로 담고 있으니 말이다.

남성이 규범이요 질서라면 여성은 포용이요 사랑이었다. 남성이 응징의 상징이라면 여성은 용서와 화해의 상징이었다. 바로 모성이기에 모든 걸 감싸고 다음 인류를 위해 종족 번식에 나설 더 큰 의무가 있었을 터이다. 그러기에 여성은 스스로 해(害)하면 안 되는 것이요, 하여 달래강 전설은 서양의 문화에 비해 더 높이 사야 할 일이 아닌가싶다.

지난 일 모두 꿈이었을 게다
드나들던 물살 얼마나 뻔질났으면
샅 샅 저리 해지고 부르터 올랐으랴

풋풋한 속살도 옛말이던지
간질이던 중태기마저 떠나고
빈 가슴 강돌만 품고 있구나

인연이 남기고 간 게 그것뿐이면
얼어붙은 산그늘 끌어안고
긴 밤 홀로 지샐 수밖에 없겠지

단물도 쓴물도 다 집어삼키며
제 어미 창자를 할퀴고 지나가듯
아픔을 안기지 않은 이 어디 있더냐

낮게 드리운 놀
제 발 저리던지
불그레 얼굴 붉히며 산등에 숨는구나.

- 시 「송계(松溪)의 겨울」

달빛 너머

별 볼 일 없다고 안달 낼 것도 없지
이른 저녁 잠시라도
초승달이라도 바라보면 되는 걸

해 볼 일 없다고 복달할 것도 없지
긴 밤 내내
그믐달이라도 바라보면 되는 걸

별이야 뜨거웠다 식었다 하는 걸
기다릴 것도 없지
해에 가린 낮달이라도 바라보면 되는 걸.

달빛 아래선 어찌하여 그토록 차분하고 안정되는 걸까. 달을 바라보면 어찌하여 그토록 고양(高揚)되고 때론 애달파지는 걸까.

맑고 밝은 달빛을 교교(皎皎)하다고 한다. 맑고(白) 밝음(白)을 쏟아내고(交) 쏟아내니(交) 그렇게 말하는 것이리라. 달빛은 맑은 가슴을 밝게 비춰줄 뿐 정열을 주진 않는다. 그러기에 달은 그저 바라보는 것일 뿐 욕심과 질투의 대상이 아니다.

그저 바라보노라면 고양될 뿐이니 나만 그런 게 아닐 게다. 그저 바라보노라면 애달플 뿐이니 남들도 그럴 게다. 그러기에 달을 바라보는 이는 서로 맑은 가슴 속을 들여다보는 것일 뿐이니 그러기에 달은 그리움의 샘물이기도 할 게다.

달을 본다. 나뭇잎인지 달인지 모를 작은 달을 나뭇가지 사이로 넘겨다본다. 저 달에 가 닿으면 그리움이 보일까. 저 달에 오르면 간단(間斷) 없는 평화를 만날 수 있을까. 저 달을 넘어서면 유한을 벗어날 수 있을까. 달을 본다. 무심하도록 평온한 달을 본다.

부싯돌은 한낱 돌멩이에 불과하다. 하지만 그 돌멩이 속엔 불꽃이 꼭꼭 숨어있다. 부싯돌을 부딪트리면 불꽃이 튀어 나온다. 저 달 속엔 무엇이 들어있을까.

이미 우리의 본성엔 평화와 사랑이 들어차있다. 다만 불순물이 그것을 가려 임시 몸살을 앓고 있을 뿐이다. 천년 묵은 나무 등걸을 캐내어 아궁이에 넣고 불지펴보라. 천년의 세월이 타버려 빨간 잉걸불이 되고 만다. 빨간 잉걸불에 바람을 불어넣어보라. 잉걸불조차 타버려 하얀 재만 남느니 발버둥치는 나무 등걸의 몰골은 어디에도 없다.

색즉시공(色卽是空)이라 했던가. 어디에도 집착할 일이 없으니 한 점 바람에 허공으로 합일할 뿐이다. 삐죽삐죽한 철광석을 용광로에 넣고 불지펴보라. 지구 나이만큼 녹아내려 빨간 쇳물만 흘러나올 뿐이다. 빨간 쇳물을 다리고 다려보라. 하얀 재만 남을 뿐이다. 어디에도 뜨거운 욕망이나 냉랭한 심술은 없다. 색즉시공이요 공즉시색이라 했던가. 어디에도 존재함이 없으니 바람이 일지 않아도 허공에 합일할 뿐이다.

자신의 내면으로 들어갈 일이다. 우주적 자아와 자신의 영혼은 하나이며 이는 시작도 끝도 없이 영원할 뿐이다. 누가 자신의 탄생을 보았는가. 자신의 탄생을 본 이는 아무도 없다. 누가 자신의 죽음을 보았는가. 자신의 죽음을 본 이는 아무도 없다. 나는 영원할 뿐 시작도 끝도 없다.

육신의 불순물을 떨어내고 내면을 들여다보라. 그러면 참자아가 우주적 자아와 합일하여 영원하게 되리니 탄생 이전의 모습과 죽음 이후의 모습, 그것은 오직 신에게 맡길 일이요 명상 속에 평화와 사랑으로 살아갈 뿐이다.

기독교의 영혼 부활설은 이와 다를 수 있다. 하지만 육신이 살아있는 동안 사랑과 맑은 영혼으로 살아간다면 하나님의 길로 들어서게 되는 게 아닐까.

불교의 영혼 윤회설은 이와 다를 수 있다. 하지만 육신이 살아있는 동안 자비와 맑은 영혼으로 살아간다면 부처님의 길로 들어서게 되는 것일 게다. 오로지 고요한 명상 속에 평화와 사랑으로 살아갈 뿐이리라.

달을 본다. 무심한 듯 미소 짓는 보름달을 본다. 가까이 가면 멈춰 줄까. 저 달을 움켜쥘 자 누구던가. 그저 가만히 바라보기만 해야 하리라. 달은 애달픈 그림자일 뿐이므로.

두보(杜甫) 초당을 찾다

연전에 찾아봤던 당나라 두보 시인의 초당을 다시 찾아봤다. 그때는 선배 문인들 틈에 끼어 졸졸 따라다니기에 급급했지만 이번엔 조금 여유를 가지고 둘러보리란 마음으로 다시 나서봤다.

두보라면 조선조에서도 그 시를 흠모하였던지 한글 창제 얼마 뒤인 성종 때 유윤겸을 통해 두시언해(杜詩諺解)를 펴낼 정도였다. 학창 시절 춘일억이백(春日憶李伯)이나 월야억사제(月夜憶舍弟)로 메마른 정서를 적시던 중국 당대의 걸출한 시인이기도 하다.

漫興(만흥)

手種桃李非無主(수종도리비무주) 野老墻低還是家(야노장저환시가)
恰似春風相斯得(흡사춘풍상사득) 夜來吹折數枝花(야래취절수지화)

손수 심은 도리화 주인이 없을 소냐
늙은이의 담장 낮아도 역시 집이거늘
흡사 봄바람이 나를 얕보듯
밤사이 불어온 바람 꽃가지를 꺾겠네.

두보는 평생 유랑과 고생을 전전하며 시를 노래하다가 말년에 지금의 중국 사천성 성도(成都)에 안착하여 초당(草堂)을 짓고 잠시 여유로움을 찾기도 했다 한다.

江村(강촌)

清江一曲抱村流(청강일곡포촌류) 長夏江村事事幽(장하강촌사사유)
子去自來梁上燕(자거자래양상연) 相親相近水中鷗(상친상근수중구)
老妻畵紙爲棋局(노처화지위기국) 稚子敲針作釣鉤(치자고침작조구)
多病所須唯藥物(다병소수유약물) 微軀此外更何求(미구차외갱하구)

강물은 굽이 돌아 마을 앞을 흐르고
긴 여름 강촌은 일마다 그윽하다
추녀 주위 제비는 오락가락 날고
갈매기 짝을 지어 강물에 넘나들지만
늙은 아내 종이에 바둑판 그리고
어린자식은 바늘 두들겨 낚시를 만드는 구나
잦은 병치레에 약만 찾고 있으니
미천한 이 몸 무슨 일을 더 하랴.

두보는 이렇듯 천이백여 년 전 성도(成都) 완화계의 강촌에서 처자와 함께 어렵게 살아가면서도 신병을 걱정하는 외에 자신의 처지를 조용히 관조할 뿐이었지만, 인구 천만을 넘는 지금의 성도는 두보 초당을 비롯한 인근 몇 군데의 관광지에 모여드는 객들로 호황을 누리고 있다. 세월은 참으로 야속한 것이란 생각마저 든다.

중국의 고전문학에서 2대 시가(詩歌)를 꼽으라 하면 공자가 지었다는 『시경(詩經)』과 굴원의 『초사(楚辭)』를 드는가 하면, 두보와 이백의 시를 들기도 한다. 이백의 시는 현실을 뛰어넘는 파격이 있기에 그를 시선(詩仙)이라 하고, 두보의 시는 현실을 직관하면서 조용히 침잠하는 기풍이 있기에 그를 시성(詩聖)이라 하는 모양이다.

초당에 잠시 머무르던 두보는 시국이 소란하자 다시 유랑에 나섰다가 평생 천육백 여수의 시를 남기고 59세를 일기로 세상을 떠났다지만, 두보나 이백이나 모두 파란만장한 체험과 정신력 속에서 옥 같은 글이 샘솟지 않았나 싶다.

두보가 심었다던 도리화도 다른 꽃나무로 바뀌어 피기 시작하고 초당의 지붕도 세세연연 바뀌어 덮이고 있을 뿐이니 어디에 눈길 줄 것도 없이 경내를 휘이익 돌아 나올 뿐이었지만 별반 경륜도 생각도 없이 시를 쓰고 있다는 게 부끄럽기만 해 얼마 전 써두었던 못난 글을 꺼내본다.

너희가 시시를 아느냐

어머님이 무릎에 올려놓으시고
가슴 밀어대시며 쉬쉬 하시더니
아 시원해 하실 때
시시하면서 그 숨소릴 담아두었더라면
참 시원하게 시 한 줄이라도 써 볼 걸
식식거리며 발버둥이나 쳐대다가

쉬쉬 하면서 구린내나 풍겨대고
씨씨 하면서 길바닥에 설사나 해댔으니
이젠 가슴에 들어앉은 게 있어야 시를 하지
어머니!

- 동인시집 「이 세상에서 가장 아름다운 그 어떤 날」 중에서

경내를 서둘러 돌아 나오려니 바깥 담벼락에 자기(瓷器) 파편으로 모자이크 한 '초당'이란 글자 앞에 방문객들이 모여들어 여행안내자의 설명을 듣고 있었다. 잽싸게 그 틈에 끼어 귀를 기울여보니 문화대혁명시기에 홍위병들이 중국 전통 자기를 찾아내어 모두 박살냈다는 것이고, 지각 있는 사람들이 그 파편을 다시 주워 모아 여기에 '초당'이라는 글자로 모자이크했다는 것이다.

그 뒤에 모택동이 찾아와 이 글자를 들여다보면서 혀를 찼다는 것이고, 모택동이 들여다보던 모습을 뒤에서 찍은 사진이 바로 옆에 걸려있는 액자 속의 것이라 했다. 진실 여부야 다음에라도 가리면 되는 것이니 나도 모택동 흉내를 내어 황급히 뒷모습을 한 장 촬영해 달라 하고 일단 돌아섰다.

중국의 모택동은 생시에 세수와 양치질을 안 한 것으로 유명했다 한다.(「모택동 전기」 중에서) 중원 평정을 위한 대장정에 몰입하려니 여유 부릴 틈이야 없었겠지만 평소 행동도 그리 깔끔하거나 민첩하지는 않았다 한다. 하지만 지금도 그곳 인민들로부터는 등소평과 함께 사상적 지주로 추앙받고 있는 건 틀림없는 것 같았다.

그중에서도 모택동을 사상적 원리주의자로 받든다면 등소평에 대

해선 생활개선을 위한 실용주의자로 칭송하는 것 같았다. 그렇지만 모택동은 사상의 순수성을 지킨다는 명목으로 문화대혁명을 일으켰으나 그 전위대인 홍위병에 의해 유구한 전통을 파괴하는 잘못을 범했고, 등소평은 소위 흑묘백묘(黑猫白猫)라는 비유 아래 원리에 앞선 목표 달성을 외쳤으나 이런 구호가 여러 가지 병폐의 온상이 되고 있지 않나 싶은 것이, 요즘 심각하게 문제 되고 있는 중국산 짝퉁 현상이 모두 그런 정신 상태에서 발원하는 게 아닌가 해서 하는 말이다.

모택동은 1893년에 태어나 1976년에 타계했으며, 문화대혁명으로 중국의 전통문화유산이 훼손되던 시기는 1966년부터 1976년까지였다. 그렇다면 모택동이 '초당'이란 담벼락 앞에서 촬영한 때가 1976년보다 한참 뒤라야 하는데 사진을 다시 들여다보니 촬영연도가 1958년으로 되어 있었으니 두보 초당도, '초당'이란 모자이크 글자도, 또 그에 얽힌 이야기도 모두 짝퉁이란 생각마저 들어 씁쓸하기만 했다.

그 흉내를 내어 뒷모습을 남긴 나도 마찬가지지만 모자를 벗어 들여다보니 이것도 메이드 인 차이나(made in china)가 아닌가. 짝퉁이라면 그 어원은 잘 모르겠지만 그 반대로 진품 명품이나 순혈의 전통성을 떠올리게 된다. 꽃이 열매를 맺기 위함 외에 은은한 향기를 내뿜듯 생활 용품이 그 용도에 더해 고아한 품위를 내보여야 하고, 그것만이 가질 수 있는 아우라(Aura)가 있어야 매력이 있지 않은가.

돌아오는 길에 곤명의 석림(石林)에 들러 자수정을 샀다는 일행이 그조차 화공물질로 만든 짝퉁임을 확인하고 쓰레기통에 버렸으니 문화탐방도 물건을 사는 것도 모두 짝퉁 현상을 경계해야 할 것 같았다. 그래도 내 마음 속엔 훼손되지도 변질되지도 않는 청자의 이데아(Idea)가 있으니 얼마 전 써두었던 시를 꺼내본다.

청자(青瓷), 그 빛과 그늘

자기야
네 어깨에 묻은 손자국, 그것은 외면하마
오직 청아한 눈빛 숨어 내 보일 듯
드러내어 감출 듯
천년을 두고 표정 하는 불변만 바라보마

억지로 끌려간 기구한 운명
그것은 외면하마
다만 길게 늘어 뺀 목을 오므릴 듯 열어
님을 부르는 지조만 들으려마

자기야
네 주인이 사시장철 바뀌고 있음은
외면하마. 오직
동가(東哥)에서도 서가(西哥)에서도 자기일 뿐인
네 속내만 들여다보마

겨드랑이에 끼고 사타구니에 끼고

체온을 나누려 한들
네워지지 않는 냉랭함
그것을 투명한 눈망울로 응시하마

그러면 자기야
네 어깨엔 내 눈망울이
내 눈망울엔 청아한 네 어깨의 눈빛이
서늘하게 자리 할 게다.

- 동인시집 「별것에 대한 애착」 중에서

(2008. 3)

메밀꽃 필 무렵

명사의 머리에 붙어 그것이 차지지 아니하고 메지다는 뜻을 나타내는 접두어로 '메'가 있다. 찰떡이 아니라 메떡이라거나 찰수수가 아니고 메수수라거나 차조가 아니고 메조라거나 찹쌀이 아니라 멥쌀이라거나 찰밥이 아니라 메밥이라고 하는 경우의 '메'인데, 메밀의 '메'도 차진 밀에 견주어 메진 밀이라 해서 메밀이라 하지 않았을까 싶다.

그런 메밀을 주원료로 만든 음식들 중에 흔히 해먹는 것들로 메밀떡이나 메밀만두, 메밀묵, 메밀밥, 메밀부침, 메밀산자, 메밀수제비, 메밀소주 등이 있지만 메밀가루를 국수물보다 더 되게 쑨 다음에 소금을 타서 만드는 '메밀응이'는 가난한 시절 허기를 채우기 위해 먹기도 했고 메밀가루를 물에 풀고 삶은 파의 대가리와 술찌끼 또는 막걸리를 넣고 끓여 설탕을 타서 미음같이 만든 '메밀당수'는 약이 없던 시절에 감기약으로 먹기도 했으니 차지지 못하고 메지다 해도 쓸모는 있었던 것이다.

이렇게 반반한 대접은 받지 못하고 궁한 처지에서 대용품으로만 쓰이던 메밀이었지만 지금은 단백질 등 영양가가 높을 뿐만 아니라 오장을 튼튼하게 하고 혈압을 조절한다 하여 으뜸의 건강식품으로 효자노릇 하고 있으니 잘났거나 못났거나 다 한때가 있다는 말이 허사는 아닌 것 같다.

> 길은 지금 긴 산허리에 걸려 있다… 산허리는 온통 메밀밭이어서 피기 시작한 꽃이 소금을 뿌린 듯이 흐뭇한 달빛에 숨이 막힐 지경이다.

이렇게 시작되는 이효석의 「메밀꽃 필 무렵」에선 대화와 봉평 장을 오가는 길에 장돌뱅이 허생원과 조선달, 동이가 있었다. 모두 사내들이다. 현재의 이야기와 과거의 기억으로 오가다가 애욕과 혈육의 정이 교차하는 가운데 동이가 자신의 자식일지도 모른다는 생각에 허생원은 동이를 따라 분이의 행방을 찾아 제천으로 가는 것으로 소설은 끝을 맺는다.

올해도 효석 메밀꽃 축제가 봉평에서 열리고 있다. 허나 거기엔 허생원도 조선달도 또 동이도 없었다. 하얀 메밀꽃밭 둘레의 천막마다 메밀국수며 부침을 말아내고 부치며 중늙은이의 여인네들이 탐방객들을 부르고 있었다.

부침이며 전병을 잔뜩 만들어 쌓아 놓고도 연신 손길이 바빴다. 덥고 갈증이 나던지 땀을 훔치며 물을 마시는 모습이기도 했다. 어서 달라는 말에 앞서의 주문 손님이 먼저라는 것이었다. 그도 맞는 말이다 싶어 진득하게 기다리려니 그네들 모습에서 분이의 얼굴이 떠올랐던 것이다. 이름도 없이 땀만 뻘뻘 흘리다 사라져간 우리들의 어머니요 누이가 아니던가.

저 하얀 들판을 향해 외쳐보라면
난 내 누이를 부르련다

비알진 터 마다않고
실뿌리 같은 목숨 부지하던 여린 삭신
지슴 매던 하얀 손 치마폭에 숨겨두었는지
마디마디 부르터 올라 고갱이로 쫑긋하네

소금 뿌려대면 지슴 모두 사그라진다지만
진땀 짜내어 밤낮 뿌려대던 지심(至心)
그젠 하얗게 버짐으로 피어올랐었느니
지심(至深)한 그 마음 어이 알고 곱다 하랴

누이집에 갈 땐 달창난 숟갈이라도 차고 간다기에
시도 때도 없이 들랑대기도 했었느니
육신이 부서져내려 된똥 싸는 줄은 모르고
국수 몇 가닥에 웃음 한 소래기씩 안고 왔었지

누이야 보느냐!
머잖아 생목(生木) 뉘어 옥양목(玉洋木)으로 갈아 덮으려니
꽃그늘 아래 가만히 누워

누런 수의(壽衣) 걷어내는 모습을 보려마

듣느냐 누이야!
꽃 술(酒)로 익어 목 타는 가슴 흥건히 적셔줄 저 소리를,
그래도 비틀거리는 꼴이 아니길
부글부글 끓어오르는 소리엔 합장이라도 해주려마

저 하얀 들판을 향해 외쳐보라면
난 가냘프고도 질긴 누이를 불러보련다
누이야!

- 시 「메밀꽃 축제」

시장기를 달래고 메밀꽃밭에 들르니 여인네들의 하얀 사타구니를 더듬는 것 같아 주저되기도 했다. 여기에 달빛이라도 쏟아지면 얼마나 황홀하랴. 돌아와야 할 시간이 재촉해 돌아섰지만 밤이 되면 허생원처럼 취하지 않을 수도 없으리라. 그래도 남들이 범한 곳까지는 어쩌랴 싶어 꽃밭 속에 몸을 조금 디밀어 보았지만 애욕의 그 경거망동은 아닐지라도 그동안의 허튼 수작들이 낳은 나의 흔적들이 여기저기 떠돌고 있는 건 아닌지 모르겠다.

(2017. 10. 『한빛문학』)

반가사유상의 미소

오월의 아침을 걸어보라. 상쾌하기 그지없다. 아파트 두어 채 지나 도심 안의 공원을 돌아보아도, 한길 건너 강둑에 올라섰다 내려서서 강변을 걸어보아도, 맑은 햇살이 초여름 녹음을 간질이는 모습을 보노라면 양 입꼬리가 살짝 올라서기도 한다.

소리 내지 않고 살짝 웃는 걸 미소라 한다. 애교스런 모습으로 웃는 것도 미소라 한다. 하지만 앞의 것을 '微笑'라 쓰는 것과 달리 뒤엣것은 '媚笑'라 쓰는데, 자연의 상서로움을 바라보면서 애교를 부릴 것까지는 없으리라.

웃음이 몸에 좋다는 건 잘 알려진 사실이다. 크게 웃으면 횡격막이 크게 움직여 폐와 심장을 자극하고, 이것이 산소 흡입과 혈액순환을 잘 되게 한다지 않던가. 그뿐도 아닌 것이, 웃으면 도파민이 생성되고 뇌의 알파파와 베타파가 활성화해 마음의 안정과 더불어 뇌 기능을 촉진시킨다니 일상에선 되도록 많이 웃을 일이다.

웃음의 효용이 이렇게 많다지만 웃음에도 격이 있다. 아무 웃음이나 가리지 않고 웃어댈 수는 없는 일이다. 개그콘서트에 가서 관중과 함께 박장대소하거나 폭소를 쏟아내는 건 좋을 일이지만 상식에 벗어난 일을 보고 실소를 금하기 어렵다 하더라도 지나치게 조소하거나 냉소하면 되레 자신의 심신을 상하게 하거나 상대방을 언짢게 하니 그런 것이다.

국립중앙박물관에서 '한·일 국보 반가사유상의 만남'전이 열리고 있다. 한일국교수교 50년 기념으로 우리 국보 78호 '금동반가사유상'과 일본국보 1호 '목조반가사유상'을 한 자리에 전시하고 있다. 조명도 하지 않은 어둠 속에서 두 불상이 짓는 은은한 미소에 관람객들은 숨을 죽이고 평안한 경지를 찾는 모습들이다.

반가사유상의 사유(思惟)는 생각하는 걸 말하지만, 불교에서의 사유는 선정(禪定)에 들기 전의 한마음이라거나 정토(淨土)의 장엄을 관찰하는 일이라 한다. 석가모니가 깨닫기 전 정진하던 모습 '태자사유(太子思惟)'에서 그 뜻을 따왔다고도 한다.

두 사유상 모두 오른쪽 다리를 왼쪽 무릎에 올리고 오른쪽 손가락을 오른쪽 뺨에 댄 채 고개를 다소곳이 숙인 자세로 은은한 미소를 머금으며 생각에 잠긴 모습이 마치 형제의 나란한 심지(心地) 같기만 하다. 하긴 이 두 사유상이 우리의 불교문화가 일본으로 건너간 고증적 근거라고도 하니 닮아있을 수밖에 없기도 하겠다. 다만 일본 사유상은 미소보다 생각에 더 치우쳐 있는 반면 우리 사유상은 생각의 경계를 넘어 미소에 더 머물고 있다고 하면 뽐내는 자만이 될까…. 가없는 생각이 어디에 닿아 있는지는 신비스럽기만 할 뿐이지만 자비로운 미소의 언저리를 맴돌다보니 부글거리는 내 안의 심사가 잠시 가라앉는 듯하니 다시 석굴암의 미소마저 떠올려본다.

두 눈 뜬 채
감을 줄을 잊고
미소로 지켜보는 천년의 고통

연좌에 앉은 몸 일어설 줄 모르니
만년의 기다림
만다라의 꿈이던가

잊고 버리고 웃는 얼굴
다시 오는 날
두 눈 껌벅이며 걸어오시겠지.

- 시 「석굴암 미소」

(2016. 5)

변산바람꽃을 찾아

바람꽃을 서양에선 아네모네(Anemone)라 한단다. 미의 여신 아프로디테가 사랑한 아도니스가 죽어 피어난 게 그 꽃이라고도 하고(그리스 신화 중에서), 꽃의 여신인 플로라의 시녀 아네모네가 바람의 신 제피로스를 사랑하다가 플로라의 저주에 걸려 식물로 변해버린 게 그 꽃이라고도 한다.

매년 봄이 오면 제피로스는 미모의 그 아네모네를 잊지 못해 부드러운 바람을 보내 꽃으로 피어나게 한다니, 그래서 목석 사내들도 봄바람을 맞으면 바람꽃처럼 흔들거리는 걸까….

변산반도의 내소산에 올랐다가 내려오던 중 잠시 멈춰 내소사를 내려다보려니 묵은 풀숲 사이 하얗게 피어난 바람꽃 한 송이 만났던 기억이 떠오른다. 그 단아한 여운을 안고 내려와 곰소항에 들렀던 것은 젓갈 한 통이라도 사들고 올라올 심사였던지, 아니면 젓갈통을 휘젓던 달 같은 그 아낙의 얼굴모습이 떠올라 그랬던지, 그거야 분명치 않지만 아마도 그날의 봄 판 휘적거리던 봄바람에 젓 비린내도 실린 때문이었을 게다.

매년 봄기운이 돌기 시작하면 또 그 기억이 되살아나는 것이던지 여기저기 봄꽃을 찾아 나서보게 되는데, 올봄엔 경기도 수리산 자락에서 제비꽃에 이어 변산바람꽃을 만난 것이다.

바람꽃은 미나리아재빗과에 속하는 식물로 국화바람꽃, 그늘바람꽃, 꿩의바람꽃, 들바람꽃, 쌍도바람꽃 그리고 회오리바람꽃 등등이 있다는데 몇 해 전 변산반도 여기저기에서 독특한 바람꽃이 발견되어 이를 특별히 변산바람꽃이라 이름 하는 모양이다. 그 변산바람꽃이 어이해 안양 수리산 자락까지 퍼지게 되었는지 그거야 잘 모르는 일이지만 사람이든 다른 생물체든 산 목숨이 어딘들 못 가랴.

70년대 초의 기억이다. 낙산 기슭 허름한 2층집에 세 들어 지내던 시절이었다. 지하에는 기계를 차려놓고 천과 옷을 짜댔던 것이다. 여직공이 부족해지면 주인은 이른 새벽 서울역에 나간다 했다. 봄바람 따라 상경한 처자들이 기차에서 내리면 두엇씩 데리고 왔었으니 그중에서도 시커먼 손등 발등 갈라 터진 아낙을 만난 날이면 순진한 처자를 구했다며 희희낙락하던 모습이 선하다.

산업화 초기 개발연대의 그 산업역군이라는 이들이 그렇게도 충원되었으니 아마도 그들은 이젠 허리가 고부라져 뒤로 밀린 채 나자빠져 무언가에 의지해 간신히 목숨을 부지해나가지 않을까싶은 것이다. 화무십일홍이라지만 변산바람꽃은 다년초인고로 내년 봄에도 또 이렇게 피어나리라.

곰소 어디쯤이었는데

새벽같이 나와 문 열고
처네도 상옷도 아닌 포대기 두르고 나대던데

잘 곰삭아 젓 맛도 감칠맛이었는데
에멜무지로 던진 말에 큰 보시기로
푹푹 떠서 고봉으로 담아 주던데

딸린 사람이나 있는지 없는지
참 곰살맞던 그 아낙
봄바람 따라 떠나버렸다는데.

- 시 「변산바람꽃」

(2013. 3)

3.

바람은 솔솔

바라만 보아도

몇 날 포도(鋪道) 위를 달리다 이제 들르니 봄이 여기에 와 있구려. 그래요. 바야흐로 온 누리에 꽉 찬 게 봄뿐인 듯하오. 섬진강변의 하얀 매화단지, 지리산 자락의 노란 산수유마을, 남원 골의 소리 한마당, 곰소나루의 질펀한 갯벌, 정신없이 여기저기 내달려보았다오. 마치 가는 곳마다 봄이 따라와 벗하자 하는구려.

어머님을 여의고는 멍하여 무어라 정리할 수 없는 혼란뿐이라오. 수의(壽衣)에 덮인 어머님의 얼굴을 대하고 돌아서면서 아쉬움이 엄습함을 금할 수 없었다오. 인생은 유한한 것, 체념하고 돌아설 수밖에 없는가보오.

보고 싶다네
보고 싶다네
한 번 더 보고 싶다네
보면 무얼 하나
이내
돌아서야 할 걸

차라리 풀밭에 뒤나 보러가지
별빛에 눈을 맞추고 힘이나 주면
시원하기나 할 테지.

– 시 「어머님 여의고」

해를 건너뛰어 다시 이어지는 해, 겨울을 건너뛰어 다시 봄이다. 봄은 봄대로, 여름은 여름대로, 가을은 가을대로, 또 돌아 올 겨울은 겨울대로 바라만 보아도 좋을 일이 있다. 사랑하는 사람을 바라보는 일이 그렇고 포근한 자연을 바라보는 일이 그렇고 그 잔영(殘影)만이라도 바라보는 일이 그렇다.

어머님 품에 안겨 올려다보는 눈동자를 바라보던 모습은 얼마나 따뜻했던 기억인가. 여름이랄 것도 없이 가을이랄 것도 없이 자연의 품에 안겨 쏟아지는 별빛을 올려다보던 기억은 또 얼마나 아름다웠던 추억인가. 바라보는 것만으로 흐뭇하다면 무얼 더 바라겠는가. 이 화창한 봄을 바라보며 행복을 느껴볼 일이다.

바라보노라면 소리에 귀를 기울이게 된다. 마주한 사람의 숨결에 귀를 기울이게 되고 자연의 숨소리에 귀를 기울이게 되고 지나간 추억의 소리에 귀를 기울이게 된다. 소리를 듣는 것만으로 흐뭇하다면 무얼 더 바라겠는가. 톡톡 터지는 이 찬란한 봄, 봄의 소릴 듣는 것으로 행복을 느껴볼 일이다.

소리를 듣노라면 가만히 들여다보며 더듬어보게 된다. 아름다운 소리가 어디서 나오는 것인지 그 모습은 어찌 생긴 것인지 가만히 몸을 낮추어 봄의 속살도 매만져보며 즐길 일이다.

가을은 가을로 즐길 일이고 겨울은 겨울로 즐길 일이요 이 화창한 봄은 봄으로만 즐길 일이다. 비록 바라보는 것만으론 부족하다해도, 그 숨소리를 듣는 것만으론 부족하다해도, 쓰다듬는 것만으론 부족하다해도 이 슬프도록 화창한 봄, 봄을 다른 것과 스와핑(Swapping) 하진 않으리라.

봄나들이 길, 아직 서성대는 꽃샘추위가 발목을 잡기도 하나 바라만 보아도 좋을 봄, 바라만 보아도 좋을 사람이 있으니 이젠 누구에게 바라만 보아도 좋을 사람이 되어야겠다.

생각만 해도 즐거울 일이다. 머잖아 뚝뚝 떨어져 내려 비록 눈앞에서 모두 사라진다 해도 가슴 속에 물결로 남아 출렁댈 일 있으매 바로 그것이었다고 두 손 꼭 잡아보는 먼 기억이 있으매 즐거울 일이다.

개나리꽃울타리 안에 목련은 피었다 지고, 목련 그늘 아래 민들레 꽃다지 노랗게 피고 지면 벚꽃은 또 피었다 지려니 찬란한 순간들을 눈에 꼭꼭 담아두었다가 가슴 안으로 차곡차곡 쌓아둘 일이다.

*스와핑(Swapping): 물물교환

부여에 가면

부여에 가면 왠지 모르게 눈물이 난다. 부여국에서 내려오다 비류수 언저리에 한 짐 풀어놓고 아리수 아래 또 한 짐 풀어놓고 아래로 아래로 내려가다가 곰나루에 또 한 짐 풀어놓고 부소산 기슭에 터 잡았다 스러져갔다는 그 터 어드멘지 감감해 눈물이 난다.

허약한 국세로도 왜국을 당나라를 경영했다니 그건 완력이 아니라 정신문화의 위력이었던 셈인데 낙화암에 서보면 또 눈물이 난다.

패자의 눈물 속에 삼천궁녀를 쑤셔 넣은 승자의 무지막지에 속눈물이 나는 것이다.

강물에도 뛰어내리지 못한 질긴 목숨들은 왜국의 미야자끼까지 쫓겨 갔다니 무심한 객이 활보하는 부여의 거리를 걷노라면 또 눈물이 난다.

궁남지 연꽃 밭에서 화사한 웃음을 짓다가도 계백장군 동상 옆을 지나노라면 또 눈물이 난다. 저 용맹이 처자식 단칼로 베어버리고 출전할 때의 결기려니 나는 그래서 눈물이 나는 것이다.

그래도 능산리 고분군에서 나온 금동 대향로를 보노라면 어느새 눈물은 마르고 다시 뜨거운 눈물이 흐른다.

고구려를 한마디로 말하라면 그거야 고분벽화의 용맹스런 기상을 들기도 할 테지만, 신라를 한 마디로 말하라면 그거야 금관총 천마총 황남대총 금관들을 들기도 할 테지만, 백제를 한마디로 말하라면 나는 두말 할 것도 없이 금동용봉봉래산대향로를 든다.

그걸 국보 287호로 등록해 백제대향로라 이르지만 이승의 영화나 세력 다툼이 아닌 선계(仙界)를 바라보는 마음의 고향을 거기에 틀고 있기 때문이다.

하지만 백제든 신라든 고구려든 어디에도 모진 풍상 견뎌내며 서 있는 석조 입상이야 잔잔한 그 미소 매양 한가지니 나는 모두 자랑스런 내 조국이라 해보는 것이다.

용솟음치듯
휘감아 돌고
한 아름 품어 타오르다

어둠에 묻혀
잊혀진 세월
염원은 변치 않아 예 그대로

굽이굽이 마다
삼천의 꿈 얹어놓고
그늘 그늘마다 지킴이는 깃들어

봉황 품에 서기(瑞氣)로 틀어 앉아
선계(仙界)로 비상할 날
그날을 고대하는가.

- 시 「백제대향로」

사랑 혹은 비가

덴마크의 철인 키에르 케고르는 미적, 감성적인 것과 윤리적, 이성적인 것을 인간의 실존적 계기라 말하고, 살아가면서 그 중간에서 갈등을 겪는다 한다. 이 두 인생관의 갈등을 통해 이것이냐 저것이냐의 선택 문제에 직면했을 땐 결국 윤리적 인생관을 선택하지 않을 수 없게 된다는 것이다.

인생의 삶이란 3단계의 승화과정이 있어서 처음엔 돈 후안(Don juan)처럼 끊임없는 향락을 찾아 헤매지만 그 뒤에 오는 건 권태와 절망이라 한다. 그리하여 이 미적 실존의 모순을 넘어 윤리적 실존에 이르지만 여기서도 부조리에 직면하게 되어 종교적 실존으로 넘어가게 된다고 하는데, 나의 발자국은 지금 어디쯤 걷고 있는 것일까?

지금 꼭 사랑하고 싶은데
사랑하고 싶은데 너는
내 곁에 없다
사랑은 동아줄을 타고 너를 찾아

하늘로 간다.
하늘 위에는 가도 가도 하늘이 있고
억만 개의 별이 있고
너는 없다. 네 그림자도 없고
발자국도 없다.
이제야 알겠구나
그것이 사랑인 것을.

- 김춘수, 「제22번 悲歌」

시인은 사랑이 삶의 계기임을 노래하고 있다. 시인은 지고지순(至高至純)한 사랑을 찾고 있으나 그 사랑은 하늘에 있다 한다. 시인의 사랑은 향락적이라거나 윤리적이라거나 종교적이라거나를 떠나 그저 그리움일 뿐이라 하려니 그것이 아름답다. 그러나 그것이 손에 잡히지 않고 있으니 비가(悲歌)라고 할 수밖에 없으리라.

사랑은 애틋이 여기어 아끼고 위하는 일이라 한다. 사랑은 남녀가 서로 정을 통하여 애틋하게 그리는 일이며 사랑은 동정하여 친절히 대하고 너그럽게 베푸는 마음이라 한다. 욕정적, 감각적이 아닌 동정, 긍휼, 구원, 행복의 실현을 지향하는 정념, 이것은 독생자 예수를 보낸 하나님의 사랑이라고도 한다. 박애나 자비, 아가페도 사랑의 다른 이름일 게다. 사랑을 이렇게 여러 가지로 풀이하고 있으니 그 야릇한 속내를 어찌 다 알 수 있으랴.

사랑은 그리움이라 하리라. 그것은 완전한 것이어서 만날 수 없는 영원한 신기루 같은 것이기도 하리라. 그것은 찻잔 위에 살짝

엎혀놓은 아이스크림 같은 것이기에 달콤하지만 금세 덤덤해지기도 하는 그 무엇이리라. 그것은 그러나 앞으로 다시 오리라 기대하는 일곱 빛깔 무지개이기도 하리라. 그것은 또 한없는 갈증이기에 거식증(巨食症)에 걸린 공룡의 고통이기도 하리라.

사랑은 끝없는 탐닉이기도 하리라. 그것은 이성을, 혹은 동성을 향한 것이기도 하고 그것은 사람을, 사람이 아닌 사람을 향한 것이기도 하고, 그것은 하나로는 충족할 수 없는 것이기에 늘 날름대는 카멜레온의 긴 혓바닥 같은 것이기도 하리라.

그러나 사랑은 그것만을 탐해서는 안 될 우주만물의 원리(原理)이기도 하리라. 천체의 순항원리이며 자연의 조화원리리라. 그것은 탄생의 원리이며 식탁에 뿌려지는 고소한 양념이기도 하리라. 연인 사이에 풍기는 페로몬 향이며 사람을 사람이게 엮어주는 젖빛 모르타르이기도 하리라.

그것을 허물어버리고 말면 건전지의 흑심 같은 것만 남으리니 그러기에 발전기의 여자기(勵磁機)이듯 모든 에너지의 원천이기도 하리라. 그것을 다 마셔버리고 말면 세상은 다 부서져 암흑이 되고 마는 것, 그래도 허기져하는 소녀의 찰랑거리는 가슴이라 하리라.

사랑은 핏빛 절은 가슴을 불살라 마시고 돌아앉는 수도자의 고행 같은 것이리라. 그것을 날것으로 삼키고 말면 제 새끼를 잡아먹고 하품해대는 악어의 목구멍 같은 것이기도 하리라. 사랑은 꺼내어 만지작거리기나 하면 허공에 흩어져버리고 마는 드라이아이스 같은 것이기도 하리라.

그러기에 사랑은 투명한 유리병에 가둬두어야 할 가물가물한 것이기도 하리라. 때론 사랑을 꿀꺽 삼키고 나면 토해지지 않는 짐승의 쓸개 같은 것이기도 하고 용기 없는 자는 지레 겁먹고 물러나 앉는 가시꽃방석 같은 것이기도 하리라.

사랑은, 사랑은 유리잔에 담긴 정화수 같은 것이기도 하리라. 어느 날 깨지고 말면 바닥을 흥건히 적시다 사라지는 눈물 같은 것이리라. 그러나 누가 사랑이 무어냐고 물어온다면 난 모른다고 하리라.

사랑이 무엇이더란 말입니까
방(棒), 덕산 스님은 때리기만 하셨을 테지요

사랑이 무엇이더란 말입니까
할(喝), 임제 스님은 야단만 치셨을 테고요
그러면 세심천(洗心川)까지 내뺐겠지요

사랑이 무엇이더란 말입니까
머리가 아프더이다
찬바람에 고뿔이 들었나 봅니다

사랑이 무엇이더란 말입니까
눈이 안 보이더이다
못 먹어 어지럼증이 났나 봅니다
사랑이 무엇이더란 말입니까
목이 타더이다
뜀박질을 했나 봅니다

사랑이 무엇이더란 말입니까
가슴이 아프더이다
무얼 먹고 체했나 봅니다

사랑이 무엇이더란 말입니까
잠이 오지 않더이다
배가 고팠나 봅니다

사랑이 무엇이더란 말입니까
아, 사랑이 무엇이더란 말입니까

난 모릅니다
애당초 그런 건 나는 모릅니다

고추 먹어 눈물이 나면
고개 들어 빈 하늘을 바라볼 뿐
그러면 이슬비가 얼굴을 씻어 주겠지요

혹여 그대가 하늘에서 내려다보면
고개를 떨구어
한줄기 풀잎을 바라보렵니다
그러면 코끝에 맺힌 이슬
풀잎에 떨어지겠지요
또옥
똑….

- 시 「모르는 일이지요」

삼청에서 청성으로

서울 삼청동의 가운데께를 헤집어낸 길이 삼청로다. 이 길 언저리는 원래 산이 맑고(山淸) 물이 맑고(水淸) 사람이 맑아(人淸) 삼청(三淸)이라 했다 한다. 사회가 갈지자(之)로 비틀거리던 시절, 나라는 을지로 입구에 감사원을 설치한다. 하지만 혼미함을 일시에 걷어낼 수는 없었을 게다. 서정쇄신을 세차게 몰아치던 칠십 년대 초 감사원은 삼청동에 청사를 옮겨 짓고 인청(人淸), 관청(官淸)을 외쳐대며 다시 안간힘을 써보지만 백년하청이라고나 할까보다.

삼청동에서 더 거슬러 올라가면 일월성신(日月星辰)과 노자(老子)에 제를 올리던 소격서(昭格署)와 마주치게 된다. 고려조는 물론이려니와 조선조에 들어와서도 일월성신과 노자에 제를 올리는 관행이 있었으니 그것은 하늘에 제를 올리는 것에 다름 아니었다. 도가(道家)에선 노자를 태상노군(太上老君)이라 일컬었는데, 노자를 하늘에 포함시킨 건 도가사상의 영향이었을 게다. 우리민족은 고려나 조선조뿐만 아니라 그 옛적부터 하늘을 공경했다. 부여의 영고가 그것이요, 예의 무천이 그것이요, 백제의 오방천제에게 제를 올리던 것이 그것이요, 고구려의 동맹이 그것이요, 또 신라의 팔관이 그것이었다. 삼청동의 소격서, 여기서 삼청이란 신선(神仙)이 산다는 상청, 태청, 옥청의 세 궁을 말한다.

삼청동 뒷산에 오르면 옛 성신정(星辰井)의 흔적이 있다. 바로 하늘인 일월성신에게 제를 올릴 때 사용하던 우물이다. 청계천은 이런 삼청동 뒷산에서 발원해 서울 한복판을 적시며 흘러내렸으니 마치 삶의 터전에 서기(瑞氣)를 내리듯…, 맑은 기운을 씌우듯…. 허나 지난 개발연대의 산업적 필요에 의해 청계천은 덮여지고 그 위에 길을 냈으나 아래로 흐르는 개천은 인사(人事)를 닮아가듯 음습에 음습을 더하여 썩어갈 수밖에 없었던가…. 상처투성이의 복개를 헐어내고 시커먼 시궁창을 걷어내어 다시 하늘 아래 환하게 물길을 내고 이를 청계천 복원이라고들 하지만 그 물줄기의 근원은 어디인지 종잡을 수 없으니 제 몸 퍼주고 다시 받아내는 아리수, 그저 아리수를 따라 걸어봤던 것이다.

복원된 청계천을 따라가면 청계 8경이 있다고들 한다. 그것이야 자연이 만들어놓은 게 아니니 세월이야 더 가라하고 청계광장쯤에서 발걸음을 시작해 3가에서 올라서고 말았으니 하도 말이 많아 귀가 간지러운 '먹고 갈래 지고 갈래'가 유혹했기 때문이었다.

한없이 퍼마시던 술은 바로 아리수 물로 빚은 것이려니, 결국 청계천을 따라 흐르는 그 물을 퍼마신 게 아니던가. 뱃속에 지고 와 내 논에 물 대듯 다 쏟아내고 보니 허한 속에선 다시 꼬르륵 소리만 내더이. 이젠 육신의 청계천에 아리수를 흘려보내야 할 것 같다.

낳기 싫으면 退鷄路를 걸어 보아라
걷노라면 호텔침대에 누워
음악 듣는 강아지도 본단다

마시고 싶으면 乙之路를 걸어 보아라
걷노라면 외눈 뜨고 한쪽발로 걷는
재주꾼도 본단다

참을 수 없다면 終路를 걸어 보아라
걷노라면 막걸리를 뿌려 대던
포주들의 회한도 듣는단다

다 걸었으면 三淸路를 걸어 보아라
물소리 바람소리 산 내음에
가슴이 서늘 탄다.

– 시 「삼청로」

중국 사천성의 청성산에 올랐다. 도교(道敎)의 본산지라는 신비한 산, 그러기에 일반인들의 발걸음이 뜸해 원시의 모습을 보여주고 있다. 벽계수에 한없이 몸을 씻기고 있는 하얀 주먹돌을 주워 만지작거리노라니 삼청의 근원이 여기에 닿아있는 듯했다. 하여 순이에게 편지를 써 보았다.

순아
들길 산길 거슬러 그 옛날로 돌아가면 안 될까?
간밤에 배인 눈물자국 아침 햇살로 지워내며
수줍게 고개 드는 두견화 꽃길 따라

물레방아 휘돌던 억새 울도 지나고
서낭당 고개 너머
상여집도 지나

그 먼 옛날로 돌아가면 안 될까?
삼신(三神) 메 떠놓고 정화수 올리던 곳
가다가가다가

속곳 걸칠 것도 없이
흙바닥에 질펀히 앉아
입술만 달막이던 그 먼 옛날로

순아
그 먼 먼 옛날로 돌아가면 안 될까?
모롱이 돌아돌아 산길 숲 속에 사라지고
물길도 구름 속에 머흐는 그 먼 먼 옛날로

아, 순이는 풀잎이 되거라
알 수 없는 태상노군(太上老君) 주문을 외듯
밤바람에 속살대는 풀잎이 되면
이슥토록 별을 담아 안겨주고 싶구나.

– 시 「청성산에서」

허나 답장은 내가 해야 할 모양이다. 훼손되지 않은 원형을 만날 때면 먼 데 귀향의 충동을 느끼게 되는데, 아마도 오래전 고향을 떠나 이런저런 치장을 한 것이 거추장스러워 그것을 떨어버리려는 마음에도 연유하리라. 아름다운 치장(治裝)은 치장(治粧)할수록 좋은 것을….

(2005. 5)

선물 이제(二題)

2005년 추석

이렇게 그립도록 맑은 가을날엔 가까운 벗의 인기척만 들어도 마음이 흔들린다. 먼데서 보내온 안부의 편지나 우편으로 배달된 선물을 받아볼 때에야 더 말해 무엇 하랴. 오늘은 버들로 엮은 조그만 동고리 하나 선물로 받아보았다. 참 앙증맞다.

삶은 현재진행형이요 하늘이 준 선물이다. 그래서 서양에선 현재와 선물을 모두 'present'라 표기하는지도 모른다. 과거는 이미 지나가버린 바람이요 그 뒤끝은 신이 관장할 일이다. 미래 역시 앞으로 다가올 안개요 하늘이 열어줄 일이다. 인간은 그저 현재를 성실히 살아갈 뿐인데 삶의 순간들이 긴장감에 꽉 차있을 땐 극적이라 하고 아름다움으로 수놓일 땐 시적이라 한다. 그러나 시의 개념은 말하는 사람만큼이나 다양하니 시적 삶의 모습도 사람만큼이나 다양한 법이다.

흔히 시는 음악성이나 은유성을 내포해야 하고 회화성도 가져야 한다고 한다. 시를 읽어보면 어떤 모습이든 고운 그림이 떠올라야 좋은 시라는 것이니 결국 시는 사람의 감흥을 불러내야 좋은 시라 할 수 있다. 또한 시는 시인의 손을 떠나면 읽는 사람의 것일 뿐이다. 시인이 시를 빚을 때에야 시적 성취감을 즐겼겠지만 시가 시인의 손을 떠나면 시의 즐거움은 읽는 사람의 몫이 되니 선물 포장을 뜯어보면서 가만히 미소를 지어볼 뿐이다.

남종화(南宗畵)의 시조로 추앙받는 당의 왕유(王維)는 유명한 시인이요 화가였다. 소동파가 왕유의 시와 그림을 보고 "왕유의 시에는 그림이 있고, 또한 왕유의 그림에는 시가 있다.(詩中有畵 畵中有詩)"고 했다 한다. 결국 시를 감상할 땐 시가 묘사한 정경을 보아야 하고 그림을 볼 땐 그림에 드러난 색깔이나 구도뿐 아니라 속에 담긴 시적인 정취도 맛보라는 말일 게다.

선물 포장을 가만히 열어본다. 햇땅콩과 햇은행 그리고 두서너 개의 생화와 낙엽이다. 그러고 보니 하나는 뿌리요 하나는 열매요 또 하나는 꽃이요 또 하나는 잎인데, 이들 모두를 버들가지가 감싸고 있으니 생장소멸(生長消滅)의 전부가 거기 다 들어있는 셈이 아닌가. 화중유시(畵中有詩)라 했으니 나는 선물을 그렇게 읽어보며 이 가을의 열매 하나를 '딱' 하고 깨물어본다.

2006년 추석

시골 철도역의 제복을 입은 기수나 우체국 집배원은 언제나 설렘을 안겨준다. 하나는 떠남의 설렘이요, 또 하나는 만남의 설렘이다. 코스모스 한들거리는 철도역의 플랫폼에 들어서면 빨간 테 두른 모자를 쓰고 깃발을 휘두르는 모습을 본다. 그러면 어디론가 떠나고픈 마음에 눈시울이 젖기도 한다. 늘어진 어깨에 숄더백을 걸어 얹고 다가오거나 오토바이 시동을 끄고 내리는 집배원을 보노라면 괜히 다가가 수고하신다며 무엇 좀 건네주지 않나 기웃거리기도 한다. 바로 반가운 이로부터의 편지 한 통이거나 뭐 그런 것들이다.

시대가 변해 이젠 집배원을 통한 우편물보다야 이메일이나 택배회사를 통해 주거나 받고 있으니 그런 예스런 정감은 사라지고 있는 것 같아 아쉽다. 요즘엔 집배원이 건네주는 것들이 무슨 고지서나 판촉회사에서 돌리는 선전물 등이어서 어지러움만 맞는 게 일쑤이기도 하다.

엊그제는 반듯하게 포장된 우편물 하나 받아보았다. 어느 글벗이 보내온 건데 겉 포장지를 뜯어보니 'The body shop'이라 씌어있었다. 택배회사로부터 과일 같은 선물은 가끔 받아보는데 로션 같은 화장품인지… 시쳇말로 웰빙식품인지… 아니면 육신의 일부? 잠시 엉뚱한 생각 속에 흔들어보며 웃었다. 열어보니 햇호두였다.

평생교육원 성인반의 한 학생이 보내준 것이라니 책거리를 한 것일 테다. 이걸 혼자 먹으면 안 되지 싶어 나들이 길에 한 움큼 집어 숄더백에 넣어갔다.

"저는 태어날 때 거시기 두 쪽만 달고 나왔는데, 이거 가을 선물로 두 개씩 드립니다."

이렇게 건네주었지만 야하다고 야단맞진 않을게다. 태어날 때 영(靈)과 육(肉), 이렇게 두 쪽만 달고 나왔으니까. 헤프다고 나무라지도 않을게다. 그저 글벗으로부터 받은 호두 두 개씩 나눠준 것뿐이니까. 집에 돌아와 백을 열어보니 철 지난 잡지만 들어있지만 사타구니엔 거시기 두 쪽이 그대로 남아있으니 웃어볼 뿐이었다.

제2차 세계대전이 한창일 때다. 강대국 원수들은 전후 처리 문제를 논의했단다. 아마 자기나라 이익을 챙기려 각자 음모도 했을 것이다. 하루는 영국수상 처칠의 행동이 의심스러워서 처칠이 샤워하고 있을 때 미국대통령 루스벨트가 그의 샤워실로 들어갔다 한다. 이때 처칠은 황당했을 게다. 달랑 거시기 두 쪽만 달고 있었을 테니까. 그때 처칠이 그랬다 한다. "나는 거시기 두 쪽만 달고 있을 뿐, 아무것도 숨긴 게 없소." 그래서 두 사람은 서로 신뢰하고 대화를 진지하게 나눴다지만 모두 우스갯소리일 게다. 가을은 익어 가는데 답례할 건 없고 이 글을 보내면 웃음이나 되려는지 모르겠다.

손

꽃시장에서 우연히 옛 학창 시절의 동창생을 만났다. 동창생이라고 해봐야 풋내날 뿐인 여학생이요 떨떠름한 남학생이었으니 너스레를 떨 줄 모르는 우리는 서로 메마른 기억밖에 남은 게 있을 리 없다. 방학 뒤에 하숙집을 찾아가는 버스정류장에서 손을 스치던 때 말고는 손을 잡았을 리도 없었지만 그래도 「솔베이지의 노래」가 흘러나오던 교정에서 워즈워스의 「무지개」를 노래하며 함께 꿈을 키우지 않았던가. 반가운 악수를 나누며 고운 스승의 길을 걸었을 뒤안길을 상상해보니 빈약한 손등에서 갑자기 연민이 느껴졌다. 세월은 어쩔 수 없나 보다.

여성들의 몸에서 가장 아름답게 느껴지는 곳이 어디일까? 내리듯 치켜드는 눈빛일까? 도도한 콧등일까? 열릴 듯 닫힌 입술일까? 아니면 솜털 묻어날 듯 하얀 목덜미라 할까? 그도 저도 아니면 가녀리게 흘러내리는 어깨나 거시기한 가슴이라 할까? 이것들은 사내들의 애를 태우는 것들이니 불씨가 살아나지 않게 가만히 덮어두어야겠다.

남성들은 흔히 첫사랑의 하얀 손을 못 잊어 한다고 한다. 여인의 만감이 거기 담겨있기 때문일 것이다. 부끄러울 때는 하얀 치마폭에 손을 감추기도 한다. 여인들은 손을 제일 부끄러워하는지도 모를 일이다. 부끄럼 타는 곳엔 성감대가 모여 있다고도 하니 만감이 거기 다 담겨있기 때문일 것이다.

서양 사람들이 손을 내미는 건 무장을 해제한다는 뜻이라 한다. 허나 맨주먹의 격투를 선언하는 것이어서 으스스하다. 그러나 우리가 손을 내미는 건 화해와 사랑의 몸짓이어서 따스하다. 남녀 간에 프러포즈를 할 때도 손을 내미는데 '거친 손이 애처롭다'는 건 어느 가수의 부인에 대한 애민이며 지난 88올림픽 때 '손에 손을 잡고 벽을 넘어서'자던 건 한민족의 세계인류에 대한 평화의 손짓이었다.

손목을 잡는다는 말은 남을 돕거나 좋은 마음으로 사로잡는 걸 이름이요 발목을 잡는다는 말은 남을 훼방하거나 사악한 짓거리에 매어둠을 이름이다. 그러기에 세상을 살아가면서 이왕이면 발목을 잡을 게 아니라 손목을 잡고 살아가라고도 이른다. 서양 사람들이 손에 쥔다는 건 정복의 냄새가 나기에 차다. 그러나 우리가 손에 쥔다는 건 가슴으로 품어 안는 느낌이어서 포근하다.

손은 의지의 표상이기도 하다. 그러기에 굳은 약속을 할 땐 양손을 들어 맹세한다고 한다. 미국의 링컨 대통령이 어렸을 때 장난꾸러기들과 자주 어울렸던 모양이다. 그래서 어느 날 그의 어머니가 난롯가의 석탄 한 덩이를 주워 링컨에게 주면서 "아이야, 손에 검정이 묻지 않게 이걸 쥐어보렴." 했더니 어린 링컨이 금세 알아들었다 한다.

죄악의 구렁텅이에서 빠져나올 땐 손을 씻었다고 한다. 손 안엔 오장육부의 경혈이 모두 모여 있다고 하니 그것 빼고 나면 거죽만 남는다. 손은 이렇게 자신의 영육(靈肉)을 말하기도 한다.

손 중에 제일은 가녀리게 뻗은 고운 여인의 섬섬옥수(纖纖玉手)를 든다. 거기에 사내들은 황홀하게 빠져들었던 것이다. 그러나 이젠 여인네가 배꼽을 내놓거나 들여다봐도 스스럽지 않다고들 하니 점점 무뎌만 간다면 어디까지 내려갈지 걱정스럽다. 우리네의 미(美)적 심성은 은은함에 있는데 말이다.

"아무 일도 없을 거야, 손목만 가만히 쥐고 있을 게."

지난날을 가만히 돌아보면 참 뻔뻔스런 일들이 많았다는 생각이 든다. 실은 다 탐하고도 능청을 떨었으니 하는 말이다. 선남선녀들이 경계하는 간음(姦淫)이란 부부 아닌 남녀가 불륜의 육체관계를 갖는 것을 이르지만 어느 종교에선 마음만 먹어도 간음이라 하지 않던가.

꽃시장에서 꽃에는 관심을 놓은 채 여인을 이렇게 들여다보고 있었으니 이것도 간음(看陰)이 아니고 무엇이랴. 잡았던 손을 아쉬운 듯 놓고 두 남녀는 제 갈 길로 헤어졌으니 그곳은 아마도 흘러간 세월이 고이 고여 있는 추억과 상상이라는 곳간일 것이다.

여인의 고운 손목을 잡던 날
신발 벗어들고 산으로 내달았지

봉우리 지나 계곡으로
숲을 지나 호수로

고운 여인의 손목을 잡던 날
노래도 불렀지
들판에 앉아 꽃 이름 부르고
언덕에 누워 새 이름 부르고

이젠 고운 여인의 손목을 잡으면
고향에 간다네
순이를 만나 감꽃 주워 먹고
점순이 만나 새알 꺼내주고

여인의 고운 손목을 잡으면
이렇게 하늘을 바라보아야 하리
가물가물 아지랑이
아슴아슴한 기억들.

- 시 「여인의 손목 잡던 날」

시월 하늘 아래

이 가을도 중문으로 들어섰나 보다. 백두대간의 저 위쪽 뫼뿌리부터 쇳물이 흘러내리듯 불물이 들어가고 있다. 그러나 뜨거운 쇳물도 비켜가는 곳이 있으니, 바로 하얀 억새 숲 휘날리는 산등성이 아니던가.

이 가을, 정선 아우라지도 지나 한참 숨어들다 만나는 곳, 민둥산의 억새 숲을 다시 찾아보고 싶다. 달빛 고요한 밤이면 슬픈 패주 궁예의 울음소리 들린다는 곳, 산정호수에 고스란히 잠겨드는 명성산의 억새 숲도 다시 보고 싶다.

산줄기로부터 떨어져나가 서해를 바라보고 있는 외로운 산, 오서산의 억새 숲도 찾고 싶다. 석양빛을 받아 말 못할 사연을 불태우고 있는 춘장대의 갈대숲도 무딘 가슴들을 기다리겠지. 그곳이 아니면 어떠랴. 이 가을, 자지러진 마른 풀숲에 들어앉아 한나절이 다 가도록 순진무구한 어린 시절을 바라보고 싶다.

이렇듯 봄엔 봄대로, 여름엔 여름대로, 가을엔 가을대로, 또 겨울엔 겨울대로의 소망이 있다. 어디 계절에 따른 소망뿐이랴. 소년 시절엔 소년 시절대로, 청년 시절엔 청년 시절대로, 또 장년이나 노년 시절엔 그런 대로의 소망도 있으니 겸신하게 기다려보는 것이다.

짙푸르던 노여움은 어제려니
오그라들 듯 여미는 나뭇잎처럼
불타는 열정도 저만치 둘러놓고

이 가을
발갛게 물드는 산등성처럼
낯이라도 발그레, 수줍어도 좋겠지

다소곳이 홍상(紅裳) 풀어 내리면
사시랑이에 다홍사 스치듯
머잖아 하얀 너울도 내려앉으려니.

- 시「만추(晩秋) 1」

잎새 발갛게 물들어가는 시월의 하늘 아래 어느 잎새는 돌돌 오그라들다가 가지 따라 스르르 흘러내리고 어느 잎새는 미련도 없이 뚝뚝 떨어져 내리느니, 종당엔 고독한 몸통으로만 남을 나목들을 바라보노라면 저들의 소망이 무언진 모르나 거기엔 다음에도, 또 다음에도 파란 잎새도 꽃도 매달릴 테지만 떨어져 내린 삭신인들 어찌 숭고하다하지 않겠는가….

물들여 올리는 정갈함이기에 꽃을 꽃이라 하듯
물들어 올리는 은인(隱忍)

뿌리는 네가 꽃이라

순명(順命)에 떨어져 내리지만
이듬의 생명으로 가는 길엔 다 꽃이려니

물들여 내리는 능선
바라다보매 다 꽃이어라.

- 시 「만추(晩秋) 2」

신두리 사구(砂丘)

뜨거운 여름철이 되면 으레 한번쯤은 깊은 계곡이나 푸른 바다로 찾아들게 마련이다. 시쳇말로 피서를 위해서일 테지만 거기엔 시원한 그늘이나 물이 있기 때문이다. 자연과 벗하면서 더위까지 잊는다면 얼마나 즐거울 일이랴. 그러려면 찾아가는 사람도 즐거워야 하고 자연의 모습도 온전하게 보전되어 있어야 한다.

그러나 자연과 벗한다면서 마치 자연과 맞붙을 기세로 자연을 한 구석으로 내몰고 있는 어처구니없는 현상을 보기도 한다. 땅바닥을 시멘트나 자리로 모두 덮어버리고 하늘을 지붕이나 텐트로 모두 가려버리거나 계곡에 흐르는 물이나 바다를 휘저어 물살 본래의 모습을 흩어버리는 것들이다. 파도의 군무를 수평선 너머로 쫓아버리는 것은 또 어떤가. 이런 땐 공연을 보러가서 발레나 오케스트라의 무대에 올라가 연기자들과 연주자들을 한쪽 구석으로 몰아세우고 난장판을 벌이는 것과 무엇이 다르랴.

때로는 자연 속에 파묻혀 부서지도록 강렬하게 껴안는 맛도 좋을 테지만 때로는 한발 물러서서 조용히 자연의 향연을 관조하는 멋도 좋을 게다. 그래서 불란서의 시인 장 콕토는 소라껍질에서 파도소리를 듣노라고 노래하질 않았던가.

서해의 바다를 찾아간 건 해수욕장들이 대부분 폐장한 8월 하순의 어느 날이었다. 해수욕을 즐기기보다 바다의 조용한 몸짓과 소리를 가까이 하고 싶어서였다.

서해안고속도로를 따라가다가 서산 나들목에서 빠져나가 32번 국도를 달리다보면 태안에 이른다. 여기서 지방도를 따라 학암포해수욕장으로 달리다가 멈추어 반계 삼거리에서 좌회전하고 다시 닷개 삼거리에서 좌회전해 해변으로 다가가면 태안반도의 신두리해수욕장에 이른다.

신두리해수욕장, 최근에야 천연기념물 431호로 지정된 길이 4킬로미터 너비 500미터 정도의 사구(砂丘)가 형성된 곳이다. 이곳은 웅크린 짐승의 가슴패기와 같은 모습이어서 북서쪽에서 불어오는 계절풍을 고스란히 맞아들이는 형국이기도 하다. 그래서 강한 바람과 파랑에 의해 모래가 해안가로 운반되면서 오랜 세월을 거쳐 모래언덕을 이루었다 한다. 빙하기 이후 1만 5천년부터 서서히 형성된 세계 최대의 사구라니 예사로 볼 게 아니다.

이렇게 형성된 사구는 해안과 내륙을 이어주는 완충지대로서 지리적으로는 해일로부터 내륙을 보호해주는 역할을 한다. 이렇듯 특이하게 형성된 지형이기에 내륙과는 특이한 갖가지 생명들이 둥지를 틀고 있다.

인근의 난개발로 훼손되어 개체에 따라서는 멸종위기에까지 이르렸다 하나 아직까진 해안 쪽으로 달랑게들이 달랑거리고, 내륙 쪽으로 올라가면 금개구리 개미지옥 왕쇠똥구리 등이 꿈틀거리는가 하면 통보리사초, 갯메꽃, 갯완두와 해당화가 피고 진다.

해당화는 장미과에 속하는 낙엽 활엽 관목으로 가시가 많아 잡스런 것들의 접근을 피하는 듯하다. 5월경에 짙은 홍색의 꽃이 피었다가 8월경에 방울토마토 같은 황적색의 열매를 맺으며, 꽃은 향기가 높아 향수의 원료로도 쓰인다. 해당화는 흔히 적막한 모래벌판에 루비처럼 피어나 한들거리기에 마치 붉은 연정을 쏟아내는 노스탤지어의 상징처럼 여겨지기도 하는데, 가수 이미자의 '섬마을 선생님' 노랫말이 코끝에 찡하게 맺히기도 한다.

전에는 왕쇠똥구리들이 쇠똥을 뒹굴려 뭉친 다음 거꾸로 매달려 끌고 가는 괴상한 모습이 눈에 많이 띄었다 한다. 이것도 멸종상태에 들어가자 이제야 개체수를 늘리기 위해 사구 안에 소 서너 마리를 방목하고 있으니, 자연생태계를 회생시키는 게 이렇게 어려운 일임이 느껴진다.

그런데도 신두리 사구는 이미 반이나 훼손되었다. 최근의 여가문화의 범람으로 파헤치고 시멘트로 싸 발라 해안 가까이까지 숙박시설이나 리조트시설을 설치해 해안과 사구를 격리시키고 바다를 막아버렸으니 이를 원상회복시키려면 아마도 빙하기로 다시 되돌아가야만 할 것 같았다.

밤의 사구는 거대한 오케스트라의 실황연주장이다. 갓 풀벌레 소리가 귀를 황홀케 했다. 지나가면 끊어지는 듯 다시 이어지고, 발길이 머무는 곳이 잠잠해지면 다른 곳에서 현란한 화음이 이어진다. 각각의 악기 이름과 음색을 어찌 다 헤아리랴. 그저 발을 멈추고 귀를 기울일 수밖에.

서늘한 바닷바람에 맞서 파도소리를 귀에 주워 담다가 상경하니 그 여운이 가시기도 전에 미군이 이곳 사구에 들어와 군사훈련을 했다는 뉴스가 들려왔다. 우리 행정기관도 한참 만에 제재했다니 그네들이나 우리나 유구한 천연 사구의 가치를 알아채지 못하고 있음은 마찬가지인 것 같다.

신두리에 가면 지금도 밤하늘에 풀벌레 소리 장관이요, 그 소리 뒤로 바다의 모래를 퍼 나르는 바람소리 아는 사람은 알리라. 하지만 지난겨울 유조선의 충돌로 쏟아진 기름이 서해바다와 백사장을 뒤덮었으니 그것도 헛말이 되고 말았다.

신두리 사구(砂丘)에 가면 4구(四具)의 시체가 있다. 이글거리던 열정과 낭만은 어디로 가고 겨울로 얼어붙은 여름의 시체가 그거요, 시퍼렇게 용솟음치다 죽어 나자빠진 파도소리의 고요할 뿐인 시체가 그거요, 검게 그을린 채 한쪽 구석에 처박혀 달랑게조차 방문을 마다하는 갯바위의 시체가 그거요, 슬픈 조상객들이 버리고 떠난 땀에 젖은 옷가지에 엉겨 붙은 채 찬바람에 떨고 있는 웃음의 시체가 그것이다.

적도 해양의 열기 위에 열기가 쌓이고 쌓여야 난류를 이루고 적란운을 피워내다가 비를 마련해주고 대지의 갈증을 풀어준다 한다. 허나 시체 위에 시체 위에 또 시체 위에 시체가 쌓인 채로 지내다보면 냉랭한 한류가 발원하여 봄이 와도 꽁꽁 얼어붙어있을 게다. 하니 신두리 사구에 가면 4구의 시체 중에서 무엇이라도 하나 걸어 내고 와야 한다. 그래서 하릴없는 객은 조상(弔喪)을 핑계로 조갯살이나 후벼대며 파먹고 왔다고나 할까보다.

(2008. 1)

압구정에서 반구정으로

얼마 전 어느 티브이 방송에 '패션 7080'이란 개그가 나와 시청자들을 즐겁게 했다. 말쑥한 남자 둘이 말쑥하게 차리고 나와 제각각의 패션을 자랑하노라면 뒤이어 우스꽝스런 옷차림을 한 두 남자들이 나와 자신들의 패션이 진정 압구정 트렌드라고 너스레를 떨며 웃음을 자아냈다. 패션(Fashion)이라면 유행이나 양식을 말하지만, 시대의 흐름을 따라 변해가는 옷차림새를 말하는 경우도 많다.

인간은 서로의 차이점으로 인해 풍요로워진다 했는데(폴 발레리), 인류사는 현재사와의 차이점을 찾아 나서는 긴 여정이라 할 수도 있다. 그 차이점이란 지금 존재하는 것일 수도 있고 이미 사라진 것일 수도 있으며, 아직 존재하지 않는 것일 수도 있다. 존재하는 것이나 사라진 건 탐험의 대상이요 아직 존재하지 않는 건 창조의 대상이다.

한 인간의 역사도 인류사의 큰 흐름과 나란한 것이어서 그와 다름이 없다. 때론 무엇을 찾아 두리번거리고 때론 무엇을 만들어내려 골몰하는 게 우리네의 살아가는 모습이니 그런 것이다.

해질녘 압구정 로데오거리에 나서보라. 많은 인파로 북적대는 걸

볼 수 있을 것이다. 그들은 미처 누리지 못한 것들을 찾아 기웃거린다. 미처 보지 못한 것을 찾아 두리번거리며 미처 맛보지 못한 것이나 미처 만져보지 못한 것을 찾아 헤맨다. 바로 자신과의 차이점을 발견하기 위해 모여드는 것이다.

하지만 그것은 외양일 뿐, 그 안의 깊은 맛을 보기 위해선 도움도 받아야 한다. 그래서 평생학습의 필요성이 대두되기도 한다. 압구정 로데오거리엔 유행이 흐를 뿐이므로 그 흐름만을 따라가다 보면 자신이 찾고자 하는 차이점은 찾아볼 수 없게 된다.

나는 무엇이어야 하는가? 한번만 살다 가야하는 인생, 평생 학습만 받고 있을 수도 없고 평생 구경만 하며 살아갈 수도 없다. 남이 나와의 차이점으로 인해 나에게 풍요로움을 주듯 나도 남과의 차이점으로 인해 남에게 풍요로움을 주어야 한다. 그게 사는 보람이다. 나의 차이점은 나의 개성이고 특성이며 가치관이다. 그것은 나의 정체성이며 나의 의지에 의해 나의 삶을 영위해나가는 근본이 되기도 한다. 그것은 또 자유의 속성을 갖지만 무한의 책임과 한없는 고독도 뒤따르게 마련이다. 이렇게 우리는 나와의 차이점을 찾고 또 나를 나타내기 위해 한 곳에 모여드는 것이며, 그 장소의 하나로 압구정 로데오거리가 있을 뿐이다.

나를 나타내기 위해서는 한번뿐인 나의 인생을 살아야 한다. 그래서 나와의 차이점을 찾아보되 남의 도움도 구하고 자신의 가치관에 따라 인생을 엮어나가야 한다. 남이 좋다 하여 그만을 따라가거나 남이 부른다 하여 그만을 따라 나서다보면 나의 인생은 보잘것

없는 것이 되고 만다. 어느 시인은 자신을 키운 건 팔 할이 바람이라 노래했지만(미당 서정주) 나는 과연 내 인생을 얼마나 살아왔을까? 내일은 바람이 불어도 압구정동엔 나가지 않으리란 생각을 하니 얼마 전에 써두었던 못난 글이 떠오른다.

무슨 바람 불기에
가지 밭 댓가지
찢긴 적삼 덕지덕지 걸친 채
외로 정렬하고

무슨 바람 지나가기에
고추 밭 지줏대
찢어진 고쟁이 꿰어 찬 채
오르로 정렬하고

바람이야 그러거나 말거나
비알에 불거진 박 덩이 하나
적삼 같은 고쟁이 같은 거적 다 벗어놓은 채
햇살 아래 기우뚱이고.

– 시 「텃밭」

한강변 압구정동에 압구정(狎鷗亭)이 있다면 임진강변엔 반구정(伴鷗亭)이 있다. 압구정은 조선 성종 때의 재상인 압구정 한명회가 지었다 하고, 반구정은 세종 때의 재상인 방촌 황희가 지어 여생을 보내던 곳이라 한다. 두 곳 모두 지은 두 사람들이 날아드는 갈매기를 벗 삼아 머물던 정자라지만 두 사람의 기풍은 사뭇 다르다.

한명회는 세조의 총신으로 성종 때까지 고관요직을 역임하면서 부(富)와 영화를 한 몸에 누렸다한다. 하지만 황희는 태조 때부터 세종 때까지 봉직하면서 가난과 청렴으로 일관했다한다. 세종이 어느 날 백성의 복장을 하고 황희의 집에 암행을 나갔다 한다. 찾아간 황희의 집은 초라한 단칸집에 담도 없었으며, 일국의 재상이 거처하는 방엔 장식품이라곤 그가 즐겨보는 책밖엔 없고 방바닥엔 거친 멍석이나 깔려있었다 한다.

또 다른 일화도 있다. 어느 날 황희 정승 집에서 일하는 여종 둘이 손님 맞을 준비를 하다가 말다툼을 벌였다 한다. 한참동안 옥신각신 싸웠지만 결판이 나지 않자 여종 둘은 황희 정승에게 달려가 각각 자신들의 의견을 말했다 한다. 한 사람은 손님이 배가 고플테니 음식부터 장만하는 게 옳다 하자 황희는 그 말이 옳다 하고, 다른 한 사람은 손님을 맞는데 집안이 어지러우면 예의가 아니니 먼저 집안을 청소하여 손님 기분을 좋게 하는 게 옳지 않느냐고 하자 황희는 또 그 말이 옳다고 했다 한다.

이때 옆에서 지켜보던 부인이 말하기를, 무슨 일이든 한쪽이 옳으면 다른 쪽이 그른 법인데 이 말도 저 말도 옳다하면 대체 어느 쪽이 옳다는 말이냐고 핀잔 하자, 황희는 듣고 보니 부인 말도 옳다면서 너털웃음을 웃었다 한다. 이 광경을 보고 있던 두 여종과 황희의 부인도 일제히 웃음을 터뜨리자 황희가 다시 말하기를 "사람은 제 잘못은 생각지 않고 제가 잘한 일만 쳐드는 법이니라. 각자 잘한 일만 나에게 말을 하니 나도 모두 다 잘했다고 할 수밖에 다른 수가 있겠느냐?"고 했다 한다.

이 이야기는 세 사람의 말을 모두 옳다고 했다 하여 언언언시(言言言是)란 말로 전해 내려오지만, 이렇게 황희 정승은 청렴결백하고 마음씨 고우며 사리분별이 명확한 관리로 오랜 동안 칭송받아온 청백리였다.

빨래나 설거지를 하여 더러워진 물을 구정물이라 한다. 그런가하면 종기 고름이 빠진 뒤에 흐르는 맑은 물도 구정물이라 한다. 압구정은 이제 그 흔적조차 사라져버린 채 옆으로 강물과 함께 압구정 트렌드가 흐르고 있을 뿐이요 반구정은 중간에 소실되었다가 다시 세워져 유유히 흐르는 강물을 내려다보고 있으니, 두 물줄기에 이름을 붙여본다면 하나는 스쳐가는 유행의 물결이라 할 것이고 다른 하나는 가슴을 쓸어내리는 구정물이라 해도 좋지 않을까싶다.

언언언시(言言言是)란 말을 떠올리니 얼마 전 공직생활에서의 한 토막이 떠오른다. 국민의 고충을 들어 해결해준다는 게 사법부로서는 재판이요 행정부로서는 심사청구재결인데, 어느 중앙부처의 심사청구 재결실태를 들여다보니 하루에 처리하는 양이 무려 4백 건이 넘는 경우도 있었다. 이걸 심사위원들이 어찌 처리하는지를 들여다보기 위해 심사회의 하루 전에 어느 대학교수라는 심사위원을 찾아본 일이 있었다. 얼마나 수고가 많으냐는 인사말에 나라를 위해 그렇게 봉사할 수밖에 없다는 것이었다. 심사 자료를 읽어보는데 며칠 걸리느냐고 물었더니 여러 달 걸릴 거라 했다. 그러면 심사 자료를 언제 받아보느냐고 물었더니 회의 하루 전에 받아본다고 했다. 그러면 심사가 무리가 아니냐고 했더니 그렇다고 했다. 회의하는 날 그 중앙부처에 들러 심사회의 하는 모습을 보니 일사천리로 재결하는 모습이 보였다. 고충을 들어준다기보다 거의 모두 고충내용에 이유 없다고 매듭짓는 것이었다.

그러고 보니 국민은 힘들여 언언언시(言言言是)를 말하고 있는데 심사위원은 힘도 들이지 않고 언언언비(言言言非)를 말하고 있으니 모두 헛바퀴만 돌리는 셈이었다. 이제는 전보다 많이 개선되었겠지만 옳게 처리 되어야 나라의 기강이 설 터요, 시쳇말로 법 없이도 살 수 있는 세상이 되지 않겠는가.

동양에선 사람의 본성에서 우러나는 네 가지 마음씨를 사단(四端)이라 하여 기리고 있다. 곧, 인(仁)에서 우러나는 측은지심(惻隱之心), 의(義)에서 우러나는 수오지심(羞惡之心), 예(禮)에서 우러나는 사양지심(辭讓之心), 지(智)에서 우러나는 시비지심(是非之心)을 품고 살아가라 이른다.

올 초에 어느 중앙부처로부터 무슨 심사위원인가 하는 위촉장이 왔다. 언언언시(言言言是)를 바라거나 언언언비(言言言非)를 바라는 것이라면 헛다리짚은 것일 텐데 어찌 알고 그러는지 모르겠지만 세상이치가 옳은 건 옳다 하고 그른 건 그르다 하는 시시비비(是是非非)가 되어야 마땅하리라. 하지만 바람이라도 세차게 불어대면 어찌 해야 할지 걱정인데, 고쟁이 같은 적삼 같은 거적을 모두 던져버릴 양이면 맑은 햇살 아래 해득거릴 수는 있으리라.

(2002. 1)

정월 단상

Ⅰ. 계사년

새해를 시작하는 말로 연초(年初)라 하면 서양에서 유래된 양력의 새해 첫 무렵을 생각하게 된다. 허나 정초(正初)라 할 땐 우리네의 것을 생각하게 되는데, 세월의 한 마디를 끊어서 이름을 달리 붙일 양이면 자연의 순환원리에서 본 따는 것이 자연스러울 것 같다. 그렇다면 서양냄새가 나는 연초보다야 정초가 더 자연스럽지 않겠는가.

양력은 서양문화의 군더더기가 덕지덕지 붙어있다. 7월과 8월은 각각 율리우스와 아우구스티누스의 생일이 들어있는 달이라서 31일로 정했다 한다.

로마어로 7, 8, 9, 10이라는 September, October, November, December를 9월, 10월, 11월, 12월로 정했다니 그 다음에 오는 1월은 별 의미 없는 달이요 의미 없는 첫날이 들게 마련이다. 기독교의 부활절조차 춘분 다음의 보름 뒤의 첫 일요일에서 시작하는 것으로 정했다니 양력은 서양문화의 독자적인 것도 아니려니와 동양의 자연 순환원리를 일부 빌려 쓰고 있는 형편인 셈이다.

이와 달리 음력은 해와 달의 운행주기에 따라 달과 날을 정하고 있으니 자연의 순환원리에 얼마나 순응한 것이랴. 그래서 정오의 그림자가 가장 긴 날이 동지요 가장 짧은 날이 하지이며, 동지 뒤의 가장 큰 달이 떠오르는 정월보름이 들어있는 달이 정월이요 그 첫 시작일이 정초인 설날인 것이다.

죽(竹) 치고 앉아
작난(雀蘭) 치려니
창밖에 짹짹!

– 시 「파적(破寂)」

설 차례를 마치고 들어앉아있으려니 작은것이 두 아이를 데리고 찾아왔다. 큰것은 두 아들을 낳았지만 작은것은 첫 아들에 이어 지난해 여름 딸을 낳았다. 낳은 지 일곱 달밖에 되지 않았으니 겨우 뒤척일 뿐이요 손발만 허우적일 뿐이지만 두 눈망울엔 순진무구한 생각들이 원형으로 담겨있는 듯 초롱초롱하기만 하다.

앙증맞은 입을 실룩거리며 가끔씩 흘려내는 소리는 '어'요 '아'일 뿐인데, 어느 언어학자에 의하면 어와 아는 언어로 성숙되기 전의 미완성 언어라 했지만 나에겐 아기천사의 완전 언어로만 들릴 뿐이다.

'어'는 어머니의 '어'이니 탄생의 시원에 가장 가까운 소리라 하겠다. 어는 또한 말씀(語)이니 태초부터 있었을 로고스요 이성과 감성을 담아낼 최초의 그릇이라 하겠는데 아기가 기분 좋을 땐 '어'라 소리 내고 있으니 나도 따라서 '어'라고 응답할 뿐이다.

어(語)는 기이하게도 말씀 언(言)과 나 오(吾)로 합성되어 있다. 말씀 언(言)은 네 번 입 다물고 한번 입을 벌리라는 형상이니 말조심하라는 뜻으로 비쳐지기도 한다.

나 오(吾)는 나들목(口)이 다섯이라는 형상이니 내 육신 중 다섯 나들목을 조심하라는 뜻으로 비쳐진다. 하나는 눈구멍이요 하나는 귓구멍이요, 또 하나는 콧구멍이요 또 하나는 목구멍이다. 이들은 모두 받아들여 축적하는 들목이므로 잘 다스리기만 하면 좋을 일이지만 잘못 다스리기라도 하면 낭패하기 일쑤다.

나르시스는 호수에 비친 제 모습을 넋 놓고 들여다보다가 빠져죽었다 하고 릴케는 장미꽃 향기를 맡다가 가시에 찔려 죽었다 한다. 아담과 이브는 삿된 마음으로 선악과를 따먹다가 에덴동산에서 쫓겨났다는데 얼마 전엔 공직자 사찰에 관련된 내로라하는 이들이 남의 것 몰래 들여다보다가 영어의 몸이 되기도 했으니 모두 나들목을 잘못 다스린 탓일 터이다.

다섯 나들목 중 나머지 하나는 척추 끝부분의 날목이니 홀로 배설을 담당하는 기관이다. 이를 열어놓으면 자신은 한없이 즐거울 일이지만 함부로 들이대거나 헤프면 심신이 무너져 내릴 뿐만 아니라 이웃에 해악을 끼치게 마련이니 조심하고 또 조심해야 할 일이다.

'아'는 아버지의 '아'일 것인데 아버지는 한 가족을 책임지고 거느리는 지위다. 그러기에 아버지는 노동과 보호의 상징이기도 하다. 따라서 부족함이나 위협을 느끼게 되면 아버지를 찾게 된다. 아기가 무엇인가 언짢을 땐 '아'를 질러대는데, 그럴 땐 나도 '아' 라고 응답할 수밖에 없으니 이걸 어이할까.

잠깐이나마 아기와 눈맞춤하며 어와 아를 따라 불러봤지만 이젠 뱀이 묵은 허물을 벗어내듯 내 심신의 묵은 허물이나 벗어내야겠다.

Ⅱ. 정해년

먼데서 하늘이 내려와
바다에 합장하던 날

바다가 바다가 아니야
육신이야

하늘이 하늘이 아니야
혼이야

두 몸 하나로 입 맞추던 날
달도 쏘옥
해도 쏘옥

달이 달이 아니야
새콤한 사랑이야

해가 해가 아니야
달콤한 사랑이야

아
둘은
불타고

바람 불고
먹구름 일고
파도가 성내도
모두 삼켜내더니

하늘과 바다가 열리던 날
달도 쏘옥
해도 쏘옥

달이 달이 아니야
소망이야

해가 해가 아니야
환희야

해가 가도 달이 가도
인연이 그렇다면
인연이 그렇기만 하다면.

– 시 「향일암(向日庵)」

정해년 정월을 맞아 나는 만 두 살이 된다. 세상에 태어난 지는 이미 오래지만 어린것의 아기라는 새 생명이 태어남에 할아버지가 되었으니 할아버지 나이로 그리 말해보는 것이다. 자연의 이치라는 게 하나의 씨앗이 땅에 떨어져 죽지 않으면 새 생명을 탄생시킬 수 없는 법인데 이처럼 두 세대의 새 생명을 보고도 목숨을 부지하고 있으니 그건 한없는 신의 은총에 다름 아니리라.

아기를 옆에 뉘고 나도 함께 나란히 누워 자는 시늉을 한다. 양미간을 한번 파르르 떨고 입술을 실룩이더니 두 손을 스르르 놓고 꿈나라에 들었나보다.

새근새근…

새근새근…

저 숨소리, 저 여리고도 평화스런 숨소리를 보거나 듣고 맨 처음 누가 새근새근이라 표현했을까? 새근거린다는 건 분이 치밀거나 배가 불러 숨을 가쁘게 쉴 때에도 하는 말이다. 새근덕거린다는 건 새근거리고 할딱거릴 때 하는 말이요 새근발딱거린다는 건 숨이 차서 잇따라 새근거리며 할딱거릴 때 쓰는 말이다.

그러고 보니 새근새근이란 어린아이가 곤히 잠들어 조용히 숨을 쉴 때 하는 말이지만 어른이 되어 심신이 어지럽혀진 때에도 쓰이고 있으니 아기와 나는 동상이몽(同床異夢)을 하고 있는 셈이겠다.

새근새근…

색은색은…

불가(佛家)에선 색(色)을 오온(五蘊) 중의 하나로 눈에 보이는 현상 세계라고 한다. 색계(色界)는 삼계(三界) 중의 하나로 욕계처럼 탐욕은 없으나 아직 색법을 벗어나지 못한 세계이며, 무색계는 모든 색신 육체 물질의 속박을 벗어나서 심신(心神)만이 존재하는 정신적인 사유의 세계로, 공무변처(空無邊處) 식무변처(食無邊處) 무소유처(無所有處) 비상비비상처(非想非非想處)의 사천(四天)이 있다 한다.

새근새근…
색은색은…

아기는 잠들고 나는 옆에 누워 자는 시늉을 할 뿐이니 아기는 새근새근한다 하고 나는 색은? 색은? 하며 중얼거린다고나 할까… 비상비비상처는 삼계제천(三界諸天)의 절정에 있는 하늘로, 극히 적은 마음의 상념이 있을 뿐인 무상에 가까운 선정의 경지에 있는 세계를 말한다 한다.

새근새근…
색은색은…

아기가 잠들자 나도 따라 잠에 들어 극히 적은 마음의 상념 상태에 들고자 하나 눈꺼풀에 가려진 눈동자는 수면 위의 나뭇잎처럼 한시도 쉴 틈 없이 흔들릴 뿐이니 또 색은? 색은? 하고 머리를 조아리기 시작하게 된다.

색은색은…
색은색은…

눈은 눈이기에 보려 들고 귀는 귀이기에 들으려 들며, 코는 코이기에 맡으려 들고 혀는 혀이기에 한없이 핥으려 든다. 욕망의 총체인 몸은 이런 의지의 표상이므로 거기에 비극의 원천이 있다는 어느 철인의 말이 스치고 지나간다.(쇼펜하우어)

색은색은…
색은색은…

색계는 아직 색법을 벗어나지 못한 경계이니 눈, 귀, 코, 혀, 몸으로부터 자유로울 수 없다. 그것은 색이나 형체를 가지고 있는 모든 현상으로서의 세상에서 자유로울 수 없음을 뜻하는 것이니, 몸은 비록 내 몸일망정 다독이고 또 다독여야 함도 깨우치게 된다.

목이 빠져라 얼굴 쳐들고
허공을 헤집는 한없는 갈증
갈개발 버둥거리며 애만 태울 뿐이니

닿으면 쏟뜨리고 닿으면 쏟뜨리고
속은 차라리 뒤집혀
찬바람 대숲같이 서늘타

끊어지면 추락할 연줄을 붙들고
용쓰다 용쓰다 배도 등도 말라붙은
핏기 없는 하얀 삭신아

한발도 떼지 못하면서 창공을 날아보려는 건
묵은 인연 끊어내려는 처연한 몸짓이려니
탯줄은 싸늘한 쇠심줄이어서 더욱 슬프구나

날아라 날아라, 한 번 더 날아라
그래도 널 바라보매
서늘한 가슴이어서도 좋아라.

— 시 「연(鳶)」

어릴 적 시골에서 자랄 때 겨울철이 되면 얼음을 지치는 외에 방패연, 가오리연 등을 만들어 들판에 나가 띄우며 놀다가 정월 보름이 되면 연의 등판에 '家口某生身厄消滅(집안 아무개 무슨 생의 액운을 날려 보내소서)'라 써넣고 해질 무렵이면 연줄을 끊어 멀리 날려 보내곤 했다.

새근새근…
색은? 색은?…

이제 두 돌인 아기가 색을 알 수 없듯이 덩달아 두 돌이 된 난들 색을 안다 할 수 없으니 이놈 잠에서 깨어나면 한강둔치에 데리고 나가 함께 연놀이 구경이나 해야겠다.

제야(除夜)

홀로 지내는 데는 음악만한 것도 없는 것 같다. 남의 음악을 음반이나 테이프를 통해 즐기는 맛도 좋고 실황을 찾아가 직접 감상하는 맛도 좋으며 서툰 솜씨나마 스스로 악기를 다루며 즐기는 멋도 좋은 것 같다.

해마다 연말에 다가서면 누군가를 불러내고 싶은 마음이 생기게 되지만 마음이 늘 변하는지라 누굴 불러내야 할지 손꼽기 매우 어렵기도 하다. 그래서 유난히 추위를 타는 때엔 음악회를 찾아가 음악과 만나자는 생각에 이르곤 한다.

이번 세종문화회관에서 열린 무자년 제야음악회는 세계적인 지휘자 세이지 오자와가 함께 한다거나 동양 최대의 파이프오르간 연주가 있다는 등 관심을 모았지만 한국이 낳은 세계적 비올리스트 용재 오닐의 협연이 있다기에 호기심을 안고 찾아보기로 했다.

그의 음악성은 그동안도 간간 소개되었지만 오케스트라와의 협연을 통해 직접 연주 실황을 볼 수 있다는 건 나에겐 분명 흔치 않은 기회였다. 이날 그가 연주한 '재크린의 눈물'은 오펜 바흐의 곡이지만 요절한 첼로 연주가 재크린 뒤 프레와 관련지어 더욱 애달픈 곡으로 사랑을 받고 있기도 하다.

묵직한 저음의 멜로디 위로 때론 가냘프게 때론 격정적으로 슬픔을 끌어내다가 스스로 안정을 찾아 가라앉히는 페이소스가 듣는 이들로 하여금 자기 정화를 하도록 가슴을 아래로 아래로 끌어내리는 듯했다.

쏟아낸다 함은 모두 카타르시스를 맛보는 것이 된다. 포식을 하고 쏟아내는 배설도, 힘차게 뛰고 흘리는 땀도, 사랑을 토해내는 격정도, 또 기쁜 감정도 슬픈 감정도 모두 쏟아내면서 깊은 카타르시스를 맛보게 된다.

그럼으로써 육신과 정신의 평형을 찾아가게 되는 것이던지 카타르시스 뒤엔 긴 평온과 후련함이 따르게 마련이니 억지로 침을 삼키며 묵은해를 떨어낼 것도 없이 두 주먹 불끈 쥐고 새해를 다짐할 것도 없이 마음의 어룽들을 가만가만 쓰다듬으며 한 해를 보내고 또 한 해를 맞이해보는 것이다.

하늘은 어디에 숨었는지
강변 따라 가로등만 명멸(明滅)하는데

저기 저 아파트 창문 불빛 아래
작은 숨소리 새어 나오네

미망(迷妄)이더면 어서 흘러가다오

세월이여
강물이여

저기 저 아파트 창문 불빛 아래
작은 인기척 새어 나오네

사랑이더면 멈추어다오
강물이여
세월이여

저기 저 아파트 창문 불빛 아래
작은 그림자 새어 나오네

허물이더면 어서 벗어내다오
엎드린 여명(黎明)이여
어둠을 흔드는 소리여.

– 시 「除夜」

4.

하늘은 푸르고

고향 나들이

I.

내 고향 서낭당 고개 돌무덤에 돌 하나 올려놓고 떠나온 뒤 여러 해 만에 다시 그 돌무덤을 찾는다. 고향은 우리에게 무엇인가. 나서 자란 곳이 고향이라면 거기엔 어머니가 있거나 있었음을 떠올린다. 거기엔 푸른 들판과 그를 가로지르는 시냇물, 그리고 그들을 감싸고 있는 산하가 있음을 떠올린다. 그곳에서 우린 어머니의 젖과 산천에서 흐르는 물을 마시며 자라난 것이다. 그러기에 고향은 탄생과 실존의 근원이라 하겠다.

우리에게 고향은 무엇인가. 고고성(呱呱聲)을 울리며 어머니의 자궁을 이탈할 때 우리는 고향을 맞음과 동시에 이미 떠나감이 예감되어있다. 고향은 떠나감을 내포한다. 신체적 탯줄을 끊어버림은 이탈이기 때문이다. 타향에서 보는 것이 고향이며 멀리 떨어져 그리워함의 대상이 어머니이기 때문이다.

고향은 붙잡아둠의 의미이기도 하다. 태어나면서 신체적 탯줄은 끊었으되 정신적 탯줄은 끊을 수 없기 때문이다. 정신적 탯줄은 우리를 고향에 붙잡아두게 하거나 머리나마 향하게 하기 때문이다. 그러기에 고향이나 어머니는 우주 인력의 근원이며 구심력과 원심력의 시발점이기도 하다.

두 물체 사이에 작용하는 힘의 크기는 물체 질량의 제곱에 비례하고 물체 사이 거리의 제곱에 반비례한다. 그러나 고향을 떠나고자 함은 욕망의 크기에 비례하고 고향에 되돌아가고자 함은 귀소본능의 크기에 비례하는 게 아닌가싶은데 고향은 우리에게 무엇인가.

고향을 시발점과 종점으로 하는 두 개의 길이 있다. 하나는 떠나감의 길이요 다른 하나는 돌아옴의 길이다. 하나는 가지 않은 길이요 개척의 길이라면 다른 하나는 이미 가본 길이요 뉘우침의 길이다. 하나는 슈베르트의 군대행진곡이 울려 퍼지는 길이라면 다른 하나는 옛 서라벌의 회소곡(會蘇曲)이 내리깔리는 길이다. 하나는 제갈량의 출사표(出師表)의 길이라면 다른 하나는 도연명의 귀거래사(歸去來辭)의 길이다. 고향은 단거리 경주의 출발선이고 마라톤의 회귀점이며 개선과 회한의 보따리를 풀어놓는 곳이기도 하다.

나에게 고향은 무엇인가. 서낭당 고개 돌무덤에 돌 하나 올려놓고 떠나온 지 여러 해, 이제 그 돌무덤에 돌아와 서성인다. 빈 하늘을 바라보다 돌 하나 더 얹어볼 뿐, 고향은 내게 넌지시 말한다. 두 어깨 내리누르고 있는 저고리 벗어 팔에 걸쳐 보라 한다. 단단히 맨 넥타이도 느슨히 풀어 보라 한다. 와이셔츠 사이로 스미는 서늘한 바람이 나를 반긴다. 서녘 하늘의 저녁놀은 발그레 웃어준다. 아, 나의 고향은 여기 이렇게 역력하구나.

Ⅱ.

그 적 바라볼 땐
하늘이었어
시리디 시린 파아란 하늘

그러다가 바라본 건
무지개였어
하늘 수놓을 일곱 빛 무지개

아, 이제 바라보노라니
깃발뿐이야
황진(黃塵)에 찌든 개선장군 깃발

다가갈수록 꿈은 작아지는 것
그런 줄 알았으면
꿈에나 살 걸. - 시 「서낭당」

다시 고향마을에 가만히 들러본다. 옛날 같으면 여기쯤 다다를 때면 산마루 너머 학교 운동장에선 삐꾹 왈츠소리도 들리곤 하련만 빈들에 쌓아놓은 시래기 더미 위에 까마귀 떼만 두리번거리는구나.

까막 까막
까악 까악

고시 패스해 사회정의를 실현하리라던 내 친구 의구. 그래서 이름조차 '義求'라 지었다던 내 친구. 이제 환갑이 훌쩍 넘어 몰골이 흉흉한 채 시궁창에 뒹굴던 이야기나 꺼내며 손사래 친다.

한몫 크게 잡아 고향에 아스팔트길을 내리라던 내 친구 병태. 그래서 이름조차 '秉太'라 지었다던 친구. 이젠 속까지 다 긁어내고 병태(病胎)가 되어 다 갖다바치고 뜯긴 이야기나 꺼내며 양미간을 찌푸린다. 의구, 병태! 그럴 줄 알았으면 고향에서 농사나 짓고 살걸 그랬다는 내 친구, 그런 사람들이 세상에 어디 한둘뿐이랴.

그래도 물장사하던 제 어미 치맛자락 붙잡고 자란 내 친구 봉이. 이젠 산전수전 다 겪고 어딘가에 호프집을 차렸다는데 한강 물 팔아먹는 김선달 흉내만 아니 낸다면 나 이제라도 거기에나 마지막 투자를 해 호프(Hope)를 팔아먹고 사먹고 하련만 그게 어디쯤인지 아는 이 누구던가.

까막 까막
까악 까악

다시 찾아본 고향마을엔 정적만 감돌 뿐 서낭당 가는 길도 막혀버리고 그 아래 옹달샘도 파헤쳐져 수렁이 되어버렸으니 고향하늘 한번 서울하늘 한번 올려다보다가 '의구, 병태'를 되뇌며 돌아설 뿐이구나.

첫눈 내리던 날

아이야, 오늘은 하얀 눈밭에 둘이 서서 너는 너의 눈에 나의 모습을, 나는 나의 눈에 너의 모습을 하얗게 담고 싶구나. 아이야, 그리하면 하얀 들판에 눈사람이 몇이나 되는 것이더냐. 오래전에 들었던 재미있는 이야기가 떠오른단다. 눈에 눈이 들어가 눈물이 나오는데 그게 눈물이더냐 눈물이더냐.

눈물이기도 하고 눈물이기도 하려니 서로 눈망울을 보지 않고야 어찌 답할 수 있겠느냐. 눈은 얼음 결정이 구름으로부터 내리는 현상이란다. 흔히 말하는 함박눈은 포근한 날에 잘 내리고 눈송이가 소담스러워 잠시 동안에 온 세상을 은세계로 만든단다.

춥고 건조한 날에는 가루눈이 내리느니, 그리하면 세상은 참 쌀쌀맞게 되는 법이지.

눈은 매우 섬세한 구조를 이루고 있어서 빛이 반사하거나 굴절할 수 있는 면을 무수히 가지고 있단다. 따라서 눈은 희게 보이지만 공기 중에 떠있는 먼지나 오염물이 붙으면 붉은색, 노란색 또는 검은색으로 착색되는 경우가 있단다.

눈 결정은 육방정계에 속하는 결정인데, 기저면(基底面) 내에서 서로 60°각도로 교차하는 세 개의 축과 기저면에 수직인 결정축을 가진단다. 이러한 눈 결정은 빙정핵(氷晶核)을 중심으로 성장하는데, 성장과정에서 기저면과 측면이 성장하는 정도에 따라 여러 가지 외형을 나타낸다고 한단다.

침상결정(針狀結晶)은 보통 가는 바늘 모양의 얼음 여러 개가 다발을 이루거나 두 개가 엑스(×)자 모양으로 교차하고, 각주상결정(角柱狀結晶)은 육방정계의 결정축 방향으로 발달하며, 판상결정(板狀結晶)은 육방정계의 기저면 방향으로 발달한다고 한단다.

아이야, 첫눈이 내린 모습은 하얀 설원(雪原)에 하얀 하늘이 내려와 합장한 꼴이니 천지가 한 개 눈송이로 성장(聖裝)한 것이 아니더냐. 눈밭에 둘이 서 있고자 하는 너와 나는 육방정계의 다면(多面)으로 마주하여 한없이 비추고 있다가 침상결정이거나 각주상결정이거나 판상결정으로 얽혀 하나이고자 하니 이를 일러 몇이라 할 것이랴. 오로지 일시무시일(一始無始一)이요 일종무종일(一終無終一)이라 중얼거릴 뿐이리라.

아이야, 첫눈이 내렸다함은 무엇이겠느냐. 하늘에서 하얀 너울이 내려와 온 누리를 하얀 장막으로 덮었으니 세월의 한 마당을 그렇게 끝내려 함이 아니더냐. 어제의 밤은 그렇게 어둠 속으로 사라지고 오늘은 이렇듯 하얗게 밝았으니 지난날들을 모두 덮어버리고 이젠 하얀 침묵으로 들어섬을 알리는 것이기도 할 테지.

마음을 조아린 자 마음으로 응답하고 땀 흘린 자 땀으로 응답할 뿐 하루만 볕을 더 내려달라는 시인의 기도도 눈 속에 파묻혀 버렸느니, 그러면 아이야, 이제 너는 무엇을 기도하려느냐. 나는 눈 속에 묻힌 꽃씨를 들여다보면서 작은 음성 하나를 들었단다.

안으로 걸어 닫은
작은 다락방

웅크리고 들어앉은
긴 긴 묵상

머리 조아린다고 기도가 되는 게 아니다
두 손 가슴에 모은다고 기도가 되는 것도 아니다

꽃잎이 꽃잎을 감싸고 감싸고 감싸
한 송이 꽃을 이룬 듯이
꽃들이 꽃들을 감싸고 감싸고 감싸
한 묶음 꽃다발을 이룬 듯이
오늘은 오늘로 섬기며
어제의 몸짓으로 내일을 빌어야지.

– 시 「꽃씨의 말」

우리들 어제의 몸짓이 아름다웠다고 하자. 그러면 내일의 모습도 아름다움일 테지.

첫눈이 내리는 날, 우듬지에 내려앉는 눈송이가 다시 내려 하얀 건반 위에 올라앉는구나. 평안하거라 아이야, 나도 그러하리라.

추석차례 뒤에

추석차례 뒤에 모두 뿔뿔이 흩어지니 한산하기만 하다. 이웃한 석촌 호반을 한 바퀴 돌고 와 들어앉으려니 허전하기까지 하다. 이번 명절에 백십팔만 명 이상의 인파가 공항을 빠져나간다니 홀로 남은 것 같아 쓸쓸하기도 하다.

혼령은 젯밥 잡수러 귀신같이 찾아온다 했던가. 그렇다면 조상을 집 안에서 모시든 밖에서 모시든 아무 상관이야 없을 게다. 하지만 오래전부터 내려오던 대로 내 안방에서 차례를 올렸으니 그것으로 위안 아닌 위안을 삼아야겠다.

귀신의 우리말은 '검'인데, 한자에서 유래된 신이라 불리기도 한다. 신(神)은 보일 시(示)변에 펼칠 신(申)을 쓰니 모든 걸 다 펼쳐 보인다는 뜻이요, 만사형통과 다재다능을 암시하기도 한다.

이와 달리 서양에서의 신은 'GOD'로 쓴다. 그건 그 머리글자를 따서 만들어 내고(Generation), 관리하고(Operation), 급기야는 파괴(Destroy)하고 마는 걸 암시한다. 서양문화 코드로서의 신은 전지전능을 뜻할 텐데, 그 전지전능은 바로 만들고 관리하고 급기야는 파괴하고 마는 것 외에 또 무엇이 있을까. 물론 내세를 설계하고 관리하는 일도 있으리라.

동양문화의 한 축을 이루고 있는 고대 인도에선 신을 세 부류(창조의 신 브라만, 관리의 신 비슈누, 파괴의 신 시바)로 나누어 섬기기도 했다 한다. 이렇게 보면 동서양을 막론하고 신의 역할은 이 세 가지로 압축할 수도 있지 않을까싶다.

사람마다 신성이 깃들어있다 한다. 그것이 성스러움(神聖)을 뜻하기도 하고 신의 속성(神性)을 뜻하기도 한다면, 나는 앞엣것은 그저 바라만볼 뿐이요 뒤엣것은 어설프게 흉내나 낼 뿐이란 생각을 하곤 한다. 어제도 무얼 생각하고 꾸미고 만들고 미소를 지어봤는데, 오늘은 그중 반반한 걸 하나 둘 만지작거리며 싱글거리고 있지만 내일은 하나씩 거둬서 부수고 깨고 치워버리면서 시무룩해할 게 뻔한 때문인 것이다.

한가한 틈에 그동안 글벗들에게 보내고 받았던 숱한 메일들을 백업하면서 잠시 상념에 젖어본다. 어느 건 달콤하나 어느 건 풋내만 난다. 어느 건 짭짜름하나 어느 건 씁쓸하기도 하다. 어느 건 시큼한데 너무 오래되어 쉬어 터졌다고나 할까. 앞으론 가볍고 상쾌한 인연들을 만들어 가야겠다. 그러면 부수고 깨고 치워버리는 일도 줄어들지 않겠는가. 그것이 하나씩 놓아버리는 것이 되기도 하리라.

(2018)

화동(花童)

진부령 갤러리에서 뵈었던 어느 노 화가에게 추석을 앞두고 자그마한 선물 하나 보내드렸더니 두 겹 세 겹 정성스레 포장한 소포 하나 보내오셨다. 열어보니 유화 한 점인데, 화제(畵題)가 '화동(花童)'이요 그중에서도 '깔깔이'라 한다. 한 아해가 꽃을 들고 있으니 화동일 터요 그가 댕기드린 다른 아해를 껴안고 있으니 음양이 조화를 이루라는 것일 텐데, 머리엔 화관 대신 해에서 나온 듯 두 마리 암수 공작새를 올려놓고 있으니 밝은 웃음을 한껏 웃으며 지내라는 소리가 들리는 듯하다.

'깔깔'이란 큰 목소리로 못 참을 듯이 웃는 걸 말한다. 이렇게 웃는 모습을 볼 때면 '깔깔 웃는다'고 말하기도 한다. 이와는 조금 다르지만 되바라진 큰 목소리로 자꾸 웃는 모습을 보면 '깔깔거린다'고 말한다. 웃는 모습이 어떠하든 웃으면 복이 오고 웃으면 젊어진다고 하니 웃음을 억제할 필요야 없을 테다. 허나 웃음에도 품격이 있다면 가려서 웃을 일이고 웃음의 효용을 높이기 위해서라도 헤픈 웃음은 자제하는 게 좋지 않을까싶기도 하다.

화동을 머리맡에 걸어놓고 잠을 청해본다. 지난날 웃을 일이 얼마나 있었는지 헤아려보는 것이다. 웃을 일을 두고 맘껏 웃어봤는지, 웃음을 억지로 참거나 웃을 일도 없이 실없는 웃음이나 토해낸 일은 없었는지도 생각해보는 것이다. 아, 그러나 하나하나 헤어 짚어보노라니 나의 웃음은 많은 부분 남의 눈물 속에 피어났던 것 같다. 어린 시절 일제문화의 잔재 속에서 고상장난을 하던 중 이겼다고 환호하던 건 아버지를 일찍 여읜 이웃집 동무를 제압하던 일이었고, 학창 시절 교정에 불리어 나가 박수를 받던 일도 그런 것이요, 여러 사람 중에서 뽑혔다고 격려를 받던 일도 그에 다름 아니었던 것이다.

직장생활을 한다면서 뿔테 안경에 검은 양복을 걸치고 입을 앙다문 채 사주나 경계하며 지냈으니 웃을 일 없이 쓴웃음만 토해낸 일들이 부지기 세월이었던 것 같다. 가정을 꾸미고 두 자식을 두어 자라나는 모습을 지켜볼 때면 순간순간이 경이였지만 마음에서 벗어날세라 조마조마한 터에 얼굴을 제대로 펼 새도 없었으니 웃음꺼리를 웃음으로 꽃피우지 못한 채 세월만 보내지 않았나 싶다.

인생은 가까이 보면 비극이요 멀리 보면 희극이라 한다.(채플린) 그러고 보니 내 가까이에 끼고 산 세월들 대부분이 고난이거나 조심스러운 순간들이 아니었나 싶은데, 남의 이야기를 보거나 들을 때엔 많이 깔깔거리기도 했으니 나에겐 비극이요 남에겐 희극이라 자조하는 일도 많았던가 싶다.

1969년 겨울, 강릉에서 서울로 향하던 비행기가 북한으로 납치된 사건이 있었다. 이때 승객 중에 고위 인사가 있었는데 신분이

탄로날까봐 비행기 안에서 신분증을 씹어 먹었다고 한다. 그러나 웬걸. 취조 당하던 중에 무수히 구타당해 반죽음이 된 상태로 풀려났는데 그때 살아난 건 고문 때마다 입을 헤에 벌리고 웃었기 때문이었다고 한다. 그러면 고문의 충격도 순하게 받아들여져 몸 안에서 혈관이 터지는 걸 막을 수 있었다는 것인데, 때론 자조도 몸을 이롭게 하는 예가 아닌가싶다.

그러나 어느 때 웃었는지 왜 웃었는지 그걸 헤아리기 전에 좋아서 웃고 슬퍼서 울 게 아니라 웃으면 즐거워지고 울면 슬퍼진다고 하니 이젠 그저 화동을 닮아 볼 일이다. 그건 하하도 아니고 허허도 아니요, 그렇다고 헤헤도 못마땅하고 호호도 못마땅하니 그저 나도 모르게 입을 아아 벌린 채 아무것도 주시하지 않는 웃음이고 싶기도 하다. 그러나 화동이 아니라 노야(老爺)일 뿐인 처지로야 청천 하늘에 달을 품은 달무리 같은 웃음이나 지어볼까보다.

아 -
이건 내 안의 것
다 드러내보는 몸짓

아 아 -
밥줄에서 창자까지
나는 모두 이것들뿐이건만

야청 하늘
품는 듯 스며들고 마는
아, 미타(彌陀)여!

– 시 「달무리」

기억과 망각 사이

세월이 자아내는 건 기억과 망각뿐이다. 모든 형상이라는 게 본디 덧없다는 것이니 있다고도 없다고도 할 수 없겠다. 오로지 있는 건 마음에 나타났다 사라지는 것들뿐이니 기억과 망각이라 해본다.

아프다함은 육신이 아픈 게 아니라 마음이 아픈 것이요 슬프다 함도 육신이 슬픈 게 아니라 마음이 슬픈 것이다. 허리가, 다리가 언제 아프다고 했더냐. 슬프다고 했더냐. 아니면 한마디라도 말한 일이 있더냐. 세월이 슬프다 함은 우리의 기억 속에 슬픔이 자리 잡고 있기 때문이니 슬픔이라거나 고통이라는 것도 치유할 방도가 여기서 나오지 않겠는가.

기억이란 단지 머리에 축적된 정보라고 해두자. 그것들은 단순한 지식이나 사실에 관한 것일 수도 있고 어느 대상이나 시점에서 감정이나 정서에 관한 것일 수도 있다. 감정이나 정서에 관한 기억은 그것 단독으로 갈무리된 것일 수도 있겠고 단순한 사실에 의해 파생된 것일 수도 있을 게다. 단순한 지식이나 사실이야 그대로 갈무리해두어도 좋을 일이나 특정 사실이 작용해 파생된 특정한 감정

정서에 관한 기억이라면, 또 그것이 자신에 무익한 것을 지나 유해한 것이라면, 그런 감정이나 정서가 어떤 사실들에 의해 조합된 것이라면, 또 스스로 견뎌내기 어려운 것이라면, 그렇다면 잊어버리자는 뜻에서 망각을 생각해보게 된다.

그러나 그것을 아픈 대로 간직하고 세월의 흐름에 따라 삭여내면서 자신을 비추는 거울로 삼는다거나 아프지 않은 감흥으로 전이될 수도 있음을 생각한다면 가만히 담아두는 것도 좋을 터요, 그 아픈 기억이라는 게 사실의 왜곡에 의해 일어난 것인지는 나의 사고 작용에 터 잡는 것이므로 사고 작용을 가다듬고 가다듬는 게 좋으리라.

만약 자유와 정의가 무제한으로 통용되는 상황이라면 망각한다는 건 용서할 수 없는 것을 용서하는 것이기도 하고 그런 용서는 불평등이나 불의를 부추기기도 할 게다. 지난날의 고통을 망각한다는 것은 고통을 야기 시킨 대상과 싸우지 않고 용서하거나 타협하는 것이기도 할 게요, 긴 세월 속에서 망각의 수단을 통해 잊어버리는 과정에서는 가슴에 독이 퍼지기도 할 것이다.

그러니 어찌해야 할 것인지는 자기 결단에 속하는 문제요, 망각에 쉽게 다다르게 될지도 자신의 의지에 달려있긴 하다. 그러지 않고서는 언짢은 감정이나 정서는 적극적인 감정조절에 의해 다른 감정으로 치환하거나 다른 방향으로 관심을 돌려보는 것이 좋으리니 그리함으로써 망각에 가름하는 결과를 기대해보기도 하는 것이다.

인간의 본능에는 쾌락을 극대화하여 결핍이 없는 상태에 이르고자하는 에로스(Eros)의 측면과 파멸로 치닫고자 하는 타나토스

(Thanatos)가 있다 한다. 만일 본능의 목적이 삶의 종결이 아니라 고통의 종결 즉 긴장의 종결이라 한다면 죽음에 이르는 열반의 원칙이 아니라 망각의 원칙에 따라 고통이나 긴장을 해소시킬 수 있는 것이니 이런 의미에서도 망각을 생각해보는 것이다.

자신의 운명이나 세상에 대해 옳고 그름을 분별할 것이라면 단단히 기억해둘 필요도 있을 것이다. 하지만 옳고 그름이라는 것도 하느님 아니고야 분별할 자 없으니 관용이라거나 수용이 아니라면 잊어버리는 것도 좋지 않겠는가. 그러하기에 기억보다 망각을 생각해보는 것이다.

과거를 모두 망각이라는 레테의 강에 던져버리면 무엇이 남느냐는 의문이 생기기도 한다. 그러나 오늘(present)이 있지 않은가. 오늘은 하늘이 준 실존에 대한 유일한 선물(present)이니 바로 오늘을 평안하게 살아가는 것이리라.

그럴 테지
달빛 이지러진 건
댓잎에 숨어서겠지

그럴 테지
바위 흔들리는 건
솔바람에 달빛 흐르는 때문이겠지

그럴 테지
송죽 검은 건
달빛 기운 때문이겠지

그럴 테지
물소리 끊긴 건
솔바람 지나가는 때문이겠지

이렇게 둥둥
내 가슴 두드리는 건
살아 숨쉬기 때문이겠지.

- 시 「그럴 테지」

그럴 테지. 지금이 우리들의 가장 경이로운 순간이며 마음의 고향일 테지. 우리들의 고향엔 시냇물이 흐르고 나무가 자라고 새들이 지저귀고 구름이 흘러가고 별이 반짝이고 어느 것 하나 경이로움 아닌 것이 없으니….

호반(湖畔)의 가로등이 별처럼 반짝이는 밤이다. 지금 이 순간, 그대에게 글을 올릴 수 있어 또한 흐뭇한 밤이다. 오늘이 이 해의 마지막 달 보름이니 보름만 더 지나면 새해다. 이제 기억할 건 기억하고 망각할 건 망각하고 새 옷 갈아입을 채비도 해야겠다.

(2018. 12)

나의 색깔

철따라 변하는 색조에서 기다림의 즐거움을 느끼게 되고 삶의 신선함을 호흡하게 된다. 파릇파릇한 봄이 나른하다 싶으면 여름이요 짙푸른 녹음이 무겁다 싶으면 황홀한 가을을 기다리게 되는데, 분홍 단풍이 농염하다 싶으면 은백색의 겨울이 찾아오니 말이다.

이런 순환은 계속되는 것이어서 지루할 겨를이 없으며 아쉬워할 필요도 없다. 그래서 우리네 감성이 풍부해지는지도 모르겠다. 일 년 내내 은백색의 설원(雪原)에서 뒹군다고 생각해보라. 일 년 내내 작열하는 태양빛만 이고 살아간다고 상상해보라. 기다림의 미학이 없을 뿐더러 너무 건조하지 아니한가. 그러나 계절의 변화만큼 감정의 굴곡도 심한 것이 너나 없는 흠이기도 할게다.

사람들을 만나고 나서 돌아서면 여러 가지 여운이 남게 마련이다. 됨됨이라고 일컫는 교양이나 지혜의 정도, 조화에서 우러나오는 호감의 정도, 또는 겉으로 나타나는 따뜻함이나 차가움의 정도, 색조 등이 그것일 게다.

얼마 전 처음 만난 글벗으로부터 나는 카키색으로 여운 지어진다는 말을 들었다. 카키(khaki)색은 누른빛에 담다색을 띤 인도어로 흙의 빛깔을 말한다. 이 색은 군복용으로 많이 쓰이고 있는데 내가 그런 것이었던가? 가만히 내 주변을 돌아본다. 어깨에 걸고 다니는 숄더백은 누런 가죽 소재이며 그 안엔 누런 표지의 낡은 잠언집이 들어있다. 약지에는 은반지가 끼어있는데 그 알은 누런 호박이다. 웃옷은 가끔 바꿔 입지만 바지는 늘 누런 빛깔이요 혁대도 누런 가죽이요 구두도 누런 소가죽이다. 책상 위엔 누런 대나무로 된 필통이 놓여있고 그 옆으론 누런 황금빛의 백제대향로(복제품)가 놓여있다. 이것들은 모두 내가 의식적으로 선택한 것들인데 이젠 멋으로만 지니고 있는 만년필을 제외하곤 모두 카키색 계열이다. 물론 나의 피부색도 황색이니 아, 그래서 난 카키색의 여운이었을까?

학업을 마치고 사회에 첫발을 들여놓던 때 제일먼저 검정색 테트론 소재의 양복을 맞춰 입고 다녔다. 그 당시로선 넥타이를 매었다하면 모두 그걸 입고 다녔기에 자연스러운 것으로 생각했던 것이다. 그 후론 양복을 맞췄다 하면 검정색이거나 아니면 감색(흔히 일본말로 곤색이라 했다) 일변도였으니 그것이 법도요 권위라고 생각했던 것 같다.

사십년 가까이 그런 색조 안에서 생활하다보니 생각하는 것도 행동하는 것도 하나로 응축되었을 테다. 바로 기계적 합리성의 건조함이었을 터요 그러다보니 내 삶을 지배하는 건 감성이 아니라 오로지 이성이라 믿었을 뿐일 게다. 그렇게 단조한 색조에서 단조한 생활을 했으니 인생을 반쪽으로만 산 게 아니던가.

그동안의 사회생활을 접고 자연인으로 돌아가기로 한 건 즈문해의 첫 가을인 9월 28일이었다. 그때 제도권의 사회인에서 자연인으로 돌아간 것이니 9·28 서울 수복이 아니라 9·28 자연 수복이란 말을 남기고 돌아서면서 검정색 또는 감색의 양복은 모두 장 깊숙이 처넣었다. 그리곤 카키색의 옷들로 몸치장을 바꿨으니 색의 변화를 통해 생각과 생활방식을 바꿔보자는 심사였던 것 같다. 그렇다면 내가 카키색으로 변신한 건 자연스러운 의지였을까?

나의 아버지는 공과(工科)를 공부하셨기에 일제강점기에 조병창(造兵廠)에 근무하셨다 한다. 이 부분 친일행각으로 매도하면 할 말이 없다. 그 흔적으로 장 속엔 항상 누런 모직의 일본국 제복이 들어있었다. 그것을 소재로 어머니는 가끔 나의 옷을 마름해주시기도 했었다. 광복을 맞아 미군이 진주하자 나의 아버지는 다시 미군의 조병창에 근무하시게 되었다. 이 부분도 반미주의자들의 시각에서 보면 매도당해도 할 말이 없다. 그 흔적으로 장 속에는 항상 미군의 카키복과 누런 모직의 군용 담요가 들어있었고 그것을 소재로 어머니는 역시 나의 옷을 마름해주시기도 했었다.

그래서 한국전쟁 때 남쪽으로 피난한 나의 유년에서 소년 시절엔 남들로부터 미국놈이란 농도 많이 들으며 자랐다. 왜냐하면 남들은 모두 무명지의 바지저고리를 입고 다녔는데 나만 유달리 카키색 계열의 옷을 입고 다녔기 때문이었다. 그렇게 나는 카키색 일변도로 감싸여 살았던 것이다.

인생을 흔히 무지갯빛 꿈을 실현하면서 살아가라 한다. 보라, 남, 파랑, 초록, 노랑, 주홍, 빨강. 그러나 꿈이 어디 이것뿐이랴. 삶에는 다양한 가치가 있으며 색깔이 있다. 그것이 어디 검정이나 카키색의 가치나 색깔뿐이랴. 삶의 대부분을 명암만이 있을 뿐인 무채색에 머물다가 이젠 겨우 유채색 중 카키색 계열에 머물고 있는데, 그것도 아픈 과거의 시대적 흔적으로 여운 지어지는 색조일 뿐이니 나는 온전한 삶을 살아왔다고 할 수는 없겠다.

한 가지만 고집한다면 지조라든가 일관성이라는 측면에선 바람직하기도 할게다. 하지만 새로움이라든가 기다림의 맛이 없으며 다양한 삶을 수놓을 수는 없을 것이다. 그래서 다양한 색을 써보리란 생각을 해보게 되는데, 그러면 나의 인생도 조금은 폭넓고 화려하게 변신이 되지 않을까 해서지만 병상에서 일어난 아내와 함께 장성의 축령산 숲속에 머물다 돌아오던 날 첫눈이 내리고 말았으니 이젠 도리 없이 하얀색을 쓸 수밖에 없는 것이던가….

심신 치유의 숲으로 알려진 해발 육백여 미터의 축령산은 편백나무 숲으로도 잘 알려져 있다. 광복 당시의 산야가 모두 그렇지만 축령산도 민둥산이었다 한다. 여기에 춘원 임종국 선생이 20여 년간(1956~1976) 물지게로 손수 물을 지어 나르며 240ha에 편백나무, 삼나무 등 120만 그루를 심어 우리나라 최초의 조림 성공지로 만들었다 한다.

하지만 정작 그는 수입을 생각지 않은 평생의 조림사업으로 가산탕진에 더해 빚까지 짊어지고 한 평의 묻힐 땅도 없이 타계하고 말았다니(1915~1987) 참 딱하시다는 생각 외에 오로지 푸른 숲으로 삶을 엮어낸 지조에 경외심을 느끼지 않을 수 없었다.

숲 속 작은 느티나무 아래 수목장 된 선생의 생애를 그려보다가 나의 색깔은 결국 카키색이 아닌 흙이 되겠구나 하는 생각에 이르고 말았다. 아무리 하얀 눈으로 치장한들 지금의 형색이 그와 가장 닮은 게 아닌가. 그리 되면 종당엔 새로운 뭇 생명들의 어머니가 되는 셈이리라.

(2013. 11)

낚시는 아니지만

요즈음 이순(耳順)을 넘긴 내 나이 또래의 사람들은 여가에 무엇을 하며 즐길까? 주말을 맞아 바닷가 나들이에 나섰다. 바다라고 해봐야 내 어릴 적 자주 찾던 서해의 안면도 하얀 백사장이다. 괭이갈매기 까악 대며 파도소리에 가끔씩 추임새를 질러 넣는다. 저 멀리 수평선 가까이에 통통배들이 발동을 끄고 기우뚱거린다. 바다 낚시꾼들이 낚싯줄을 드리우고 있는 중이란다.

경남 진주의 진양호가 축조된 지 얼마 되지 않은 때였다. 그 고장 친구의 부름을 받아 진양호에 당도한 것은 어느 주말의 오후 다섯 시쯤이었을까…, 아리따운 여인이 시중을 들며 낚시도구를 챙겨놓는다. 낚싯밥도 준비하고 커다란 물통도 두어 개 내다놓는다. 아마도 낚아 올릴 잉어며 붕어들을 담을 요량이었을 것이다.

여인의 안내에 따라 물에 낚시를 드리우고 나서 잠시, 여인은 어디서 났는지 많이 잡았다면서 물통에 담긴 팔뚝만한 잉어들을 내보인다. 이젠 회 치고 매운탕 끓여 술안주를 할 차례라면서 앞장을 선다. 어릴 적 대나무에 무명실로 낚싯바늘을 매어 달고 망둥이 몇 마리 낚아보던 경험밖에 없던 나로서는 본격적인 낚시 장비로 낚시를 시도한 게 이것이 처음이었고 한 마리 낚지도 못한 채 큰 수확(?)을 올린 것도 이것이 처음이었다. 그 후론 낚시의 취미가 이런 것인가 해 멀리 하게 되었던 것 같다.

신선(神仙)은 구름을 갈아 달을 낚는다 하고 어느 시선(詩仙)은 물에 비친 달을 낚으려다 선계(仙界)로 들었다 하던가. 처음에 바른 체험을 하여 좋은 기억으로 새겨두어야 할 것을 그러지 못하여 좋은 취미 하나 놓쳐버린 것만 같다.

낚시에 취미를 붙이지 못한 나는 요즈음 사이버 글 동아리에 드나들다보니 이것이 취미로 굳어져 가는 것 같다. 다른 사람들이 써 올린 시나 산문, 또는 단상들을 읽어보고 그 밑에 짤막한 소감을 덧붙이거나 나의 글을 써 올려 다른 사람들의 반응을 기다려보기도 한다. 성의 있게 쓰거나 재미있는 내용을 담아 올리면 제법 많은 사람들이 읽은 소감을 붙여주기도 하고 때론 자신들의 의견을 이어 올리기도 한다.

이젠 그 회원 수도 어지간히 늘어났으니 올려진 글들을 서로 모두 읽어 내거나 이에 일일이 느낌을 붙여주는 일은 어렵게 된 것 같다. 나 자신 이제는 글을 읽기만 하고 느낌을 붙이지 못하거나 골라 읽고 마는 경우도 많아졌다.

낚시의 재미는 물고기가 입질할 때 전달되는 짜릿한 손맛이라 한다. 정성껏 써 올린 글 한 편에 얼마나 고운 사람들이 다녀가는지를 상상하는 것은 짜릿한 낚시의 손맛만 못하랴. 때로는 읽기만 하고 지나치거나 한참 뒤에 시간을 내어 한꺼번에 읽어주는 사람도 있을 것이다.

낚시에 얽힌 우스운 이야기가 있다. 독일이 통일되기 전 두 낚시꾼이 라인강으로 낚시하러 갔었다 한다. 한 사람은 동독지역의 강물에 낚시를 드리우고 다른 한 사람은 서독지역의 강물에 낚시를 드리웠다 한다. 서독지역에서는 낚시를 드리우자마자 월척이 연속되었는데 동독지역에선 한나절이 지나도록 한 마리도 낚지 못하였다 한다.

왜일까? 서독은 언론의 자유가 있어 고기들이 입을 벌떡벌떡 벌리는데 동독은 언론의 자유가 없어 입을 앙 다물고 있었기에 그랬다는 것이다. 물론 우스갯소리지만 우리나라는 언론자유가 만개하니 그런 일은 없을 터이다.

나들이를 떠나기 전 써 올린 나의 글에 얼마나 고운 사람들이 또 입질을 하였는지 가며오며 궁금하다. 사이버 공간은 언론자유가 만개하니 거리낄 것은 없겠으나 낚시에 취미를 들이지 못한 것을 거울삼아 소박한 내 모습만 드러내 보이면서 때로는 대어(大魚)를 바라는 조바심과 대작(大作)을 기다리는 팽팽한 긴장감도 조용히 즐겨보리라.

요즈음 내 나이 또래의 사람들은 여가에 무엇을 하며 미소 지을까? 아름다운 흔적을 남기고 간 보이지 않는 얼굴들을 하나하나 그려보며 오늘도 사이버동아리에 가만히 접속해보아야겠다. 이젠 풍전세류(風前細柳)에 얼굴을 간질여 보기도 하리라. 암하고불(岩下古佛) 앞에서 웃깃도 여며 보고 살짝살짝 경중미인(鏡中美人)도 훔쳐보리라.

(2007. 10)

다시 첫눈이 내리면

지금도 바닷가의 어느 도시에 가면 가슴을 쓸어내리는 은밀한 바람소리를 들을 게다. 내 슬픈 기억의 편린들. 질곡 속에 옷을 벗어내리는 여인이여! 아, 슬픈 나의 소냐여!

얼마 전 세 분의 글벗과 담소를 나눠봤다. 한 분은 소나무라는 분이고 다른 한 분은 산이라는 분이요, 또 다른 한 분은 꽃이라는 이름의 시집(詩集)으로 오셨으니 거기에 자칭 애(艾)라는 나를 끼워놓으면 청산의 꽃 옆에 피워낸 난 쑥부쟁이가 되는 셈이었다.

지나온 삶의 뜨거웠던 열정들을 굴곡진 시대의 길바닥에 한참이나 하얀 거품으로 쏟아내었으나, 차 한 잔 앞에서는 숨을 죽이고 마음을 가라앉힐 수밖에 없었다. 중년 이후 점점 세월이 가면 하나씩 비워갈 수밖에 없으니, 담배를 끊는 게 일망(一忘)이요 다음으로 술을 끊는 게 이망이요 그 다음으로 여자를 끊는 게 삼망이요 맨 마지막으로 끊는 게 곡기(穀氣)라는데, 그게 바로 사망이라는 우스갯소리를 나누고는 한참이나 웃어댔다.

그러고 보니 나로서는 담배는 끊은 지 오래고 술도 한두 잔만 마시면 얼굴이 발갛게 달아오르며 여자야 내 집 꽃밭에 물을 주어본지도 오래니, 사망에 이르지 않으려면 곡기라도 꼭 챙겨먹어야겠다는 생각을 해봤다.

이것보다 나에겐 오매불망이라 할까, 잊을 수 없는 서너 가지 기억이 있으니, 그중 하나는 나의 슬픈 소냐를 만났던 일이다. 젊은 시절 레미제라블의 자벨경감 역을 맡아 항구도시 부산의 어느 무대에 올라선 늦은 가을날, 임시 묵고 있던 숙소에 한 통의 쪽지가 들어왔다. 어느 기관장이 그곳 집단창녀촌의 포주(抱主)에게 정식영업허가증을 내주고 정기적으로 상납을 받고 있으니 단죄하라는 것이었다.

날이 밝자 우선 그곳에 잠행해보기로 했다. 지나가는 사람들에게 길을 물으니 머뭇거릴 것도 없이 가리켜주었다. 곧바로 접근하여 이리저리 기웃거리다가 관계기관에 들러 이런저런 정황을 탐색해 들어갔다. 저녁 여덟 시쯤이었을까, 묘령의 여성으로부터 숙소에 전화가 걸려왔다. 그곳의 실태에 대해 제보하겠으니 만날 수 있으면 자세히 이야기 해주겠다는 것이었다.

일부러 멀리 떨어진 어느 호텔의 커피숍을 만날 장소로 정하고 잠시 기다리니 미모의 여성이 나타났다. 인사를 나누고 이야기를 들으려니 머뭇거리면서 눈치를 보는 기색이기에 호텔 방을 빌려 들기로 했다. 처음엔 맹물만 마시더니 술 한 잔 하고야 말문을 열었다. 두 잔을 거푸 마시고는 솔솔 이야기를 풀어댔지만 맥주병은 금세 비어졌다. 술 한 병을 더 할 수 있느냐기에 그러라고 했더니 양주

한 병이 들어왔지만 이야기를 마친 후 마시자고 밀어두었다. 결국 그곳의 상황을 다 듣고 난 다음에 서로의 사정이야기로 화제가 돌아갔다.

집창촌의 실태야 직접 확인해 들어가면 밝혀지겠지만 그녀의 개인사정은 가정과 사랑에 결손이 생겼다거나 사생아를 부양하고 있다는 것 등으로 통속잡지에도 흔히 나오는 이야기이니 확인할 것도 아니요 다 인정할 것도 아니라고 접어두었지만, 사람의 생혈(生血)을 빨아대는 건 모기 전부가 아니라 그중 일부의 암컷이 몸속의 알을 키우기 위한 것이란 생각을 하니 집창촌에 있는 그들 전부를 일방적으로 매도할 일은 아니란 생각이 들었다. 모두 나의 슬픈 누이들이 아니던가.

도스토예프스키의 「죄와 벌」에서는 죄인 라스콜리니코프가 성스러운 창녀 소냐로부터 구원을 권유받는다. 소냐는 그의 십자가와 성경책을 라스콜리니코프에게 쥐어준다. 라스콜리니코프는 이를 열어보지도 않았지만 소냐의 감화에 죄를 털어놓고 속죄의 길로 들어서게 된다.

그날 밤 그녀는 자신이 죄인이 된 사연을 회상하면서 때 묻은 영혼을 씻기에 몸부림친다고 했다. 그러면서 나에게도 구원의 길을 권유했다. 그러나 나는 밤새 죄인의 입장이 아니라고 항변할 뿐이었으니, 이것이 전부였으며 그리곤 아무도 없었다. 오직 하늘만이 알 뿐….

이튿날 아침 여섯 시 경, 본능적으로 황급히 잠자리에서 일어나 주변을 둘러보았다.

여인은 흔적 없이 사라졌고 지난 밤 마셨던 양주병은 모두 비워졌으며, 나의 양복과 와이셔츠, 그리고 넥타이는 가지런히 옷장에 걸려있었다. 그것뿐이었지만 어찌 잠이 들었는지는 알 수가 없었다.

밖으로 나오니 아침은 비교적 포근했는데도 첫눈이 살짝 내려 하얀 소금을 뿌려놓은 듯 신선하기만 했다. 관계기관에 들러 차근차근 확인해보니 지난 밤 그녀가 이야기한 상황들이 사실로 드러났다. 그네들이 스스로 갱생조직을 만들어 운영해나갔던 것이며, 관계기관은 신상이동상황 파악과 검진 등의 편의를 제공하고 있었다. 연령에 따라 수입금이 삼천만원 내지 오천만원에 이르면 강제로 탈퇴시키고 있었으니, 그런 조직의 부회장을 이 여인이 맡고 있었던 것이다.

한참 동안이나 그들의 신상카드를 뒤적이면서 사진이며 주소며 이력들을 들여다보다가 나는 이 조직에 더 이상의 손질은 오히려 파리를 사방에 날려 보내는 꼴이 되고 말리란 생각을 하고 아무 말 없이 물러나고 말았으나 이미 그들의 내밀한 곳을 다 들여다본 꼴이 되었고, 그들 모두를 대신한 한 여인과 은밀히 밤을 함께한 뒤였다.

「레미제라블」의 장발장이나 「죄와 벌」의 라스콜리니코프는 굴곡진 사회에 의해 심신이 비틀어졌다가 성직자나 창녀에 의해 구원을 받는데, 우리는 모기와 닮은 원죄의 씨앗인지도 모를 일이다. 원죄의 씨앗은 아닐지라도 내 자신과 가족을 위한 원죄를 짓고 있는지도 모를 일이다. 그럼에도 단죄하기 위해 왔노라고 항변만 했으니 그런 것이었던가….

아름다운 여체는 풋사랑의 대상만이 아니다. 인생은 짧지만 예술은 영원한 것. 그들도 기회가 주어졌다면 사라지지 않는 영상으로 치환되었을 것을…. 지금쯤 그녀는 그 약속을 다 지켜냈는지… 영혼은 위안을 찾았는지…. 내 슬픈 소냐여!

올해도 막바지의 내리막길로 들어섰다. 얼마 안 있으면 나뭇잎은 모두 떨어져 내리고 다시 첫눈도 내리려니, 이제 남녘으로 나들이할 때면 동양에서 제일 크다는 그곳 허심청(虛心淸)에 들러 몸도 마음도 말끔하게 씻어 내려야겠다.

동그라미의 추억

신이 존재하지 않는다면
신을 믿었다고 해도 손해 볼 것은 없다.
그러나 만일 신이 존재한다면
신을 믿지 않음으로써 모든 것을 잃게 된다. - 파스칼

기억의 축적, 변형, 소멸과정이 서울대 생명과학부 연구팀(팀장 강봉균)에 의해 밝혀졌다. 기억의 축적은 신경세포(뉴런) 사이의 시냅스(synapse)를 이루는 단백질이 강화되는 과정으로 나타나고 기억의 떠올림은 그 단백질의 분해과정으로 나타나며, 결국 기억의 축적과 떠올림 및 망각은 이런 단백질의 재구성과정으로 나타난다는 것이다.(2008.2.10.중앙일보)

기억을 이미 체험했거나 느끼고 생각한 것들의 집합이라 한다면 사유는 기억을 토대로 새로운 기억거리를 생성하는 과정이라 할 수도 있을 것이요, 그것이 현실로 나타나는 시기는 미래로 다가올 터이다. 그러고 보니 과거와 미래 모두를 현재에 연결시키면서 '과거

는 기억의 현재이고 현재는 직관의 현재요 미래는 기대의 현재'라는 아우구스티누스의 고백론을 빌린다면 인간의 인식 주체는 신경세포 단백질의 물리적 변형과정에 지나지 않는다는 허망함에 이를 수도 있을 것 같다. 과연 사유 주체로서의 생명의 근원은 무엇일까?

모든 사실과 현상에 대해 왜? 왜? 왜? 하고 찾아가다보면 그 답이 나온다고 하지만(환원주의자의 방법론), 그 찾아가는 방법도 여러 가지이니 최종이론이라 할 하나의 답을 구하기는 그리 쉽지 않은 것 같다. 사유 주체로서의 생명의 기원은 무엇일까?

생명의 탄생기원에 관해 오래전부터 창조론과 진화론이 맞서고 있지만 이를 통합하는 이론은 아직 없는 것 같다. 창조론에 선다 하더라도 유기체와 뇌수가 진화함에 따라 신이 그때마다 어떻게 관여하는지를 명확히 설명하고 있는 것 같지는 않다. 진화론에 선다 하더라도 빅뱅(Big Bang)과 더불어 생명도 함께 탄생되었는지는 설명되지 않고 있는 것 같다. 사유 주체로서의 생명의 기원은 무엇일까?

자연과학적 방법론은 철저히 유물론에 입각해 증명되지 않는 것은 모두 버릴 뿐이라 한다. 철학적 방법론은 주로 관념론에서 맴돌고 있을 뿐이요 신학적 방법론도 있다지만 아직 종교의 개념에 관해서조차 통일된 게 없는 게 현실이다. 사유 주체로서의 생명의 기원은 무엇일까?

물리학에선 중력, 강력, 약력, 전자기력의 통합을 시도하는 외에 양자역학을 통해 생물학, 화학과의 통합을 시도하고 있다. (스티븐 와인버그의 「최종이론의 꿈」) 더 나아가 소립자물리학을 통해 우주의 기원을 풀어내고, 종국에 가서는 생명의 신비와 그 기원에 관해서도 해답을 내놓게 되리라 한다. 사유 주체로서의 생명의 기원이 자연과학에 의해 밝혀진다면 어떤 모습일까? 그 자연과학은 거시론인 빅뱅이론에서 밝혀질까? 미시론인 소립자론에서 밝혀질까?

생명이 로고스에 기원한다면 왜 아유슈비츠의 비극이 있었느냐고 묻기도 한다. 그 질문은 로고스로서의 신의 존재를 부정하는 것일 터이다. 한스 요나스는 그의 최근 저서 『물질, 정신, 창조』에서, 자연은 질료로 제공된 최초의 것들을 밑거름으로 하여 점차 그 자신을 실현하기 위해 자유롭게 노력했을 것이란 입장을 견지하면서 그것을 에로스라 하고, 자연이 이렇게 자유로운 것이라면 사유에도 세 가지 초월적 자유가 있다 한다.

사유에서의 세 가지 초월적 자유란 각각의 주어진 상황에 맞도록 주제를 선정함에 있어서 스스로를 규정할 수 있는 자유가 하나요, 또 하나는 감각적으로 주어진 것을 자신의 내면의 눈과 귀로 보고 들을 수 있는 상(像)으로 변화시킬 수 있는 자유요, 마지막 하나는 언어가 지닌 상징적 비약 능력의 도움으로 일체의 주어진 것을 그 차원 자체를 넘어설 수 있는 자유라 한다. 그렇다면 사유 주체로서의 생명의 기원은 생각하기 나름이라 할 수는 없는 것일까?

귀로 들을 수 있는 소리의 크기도 눈으로 볼 수 있는 모양의 크기도 한정되어 있지만 사유의 범위는 한정되어 있다고 하지 않는 것 같다. 하지만 그 사유라는 것도 과거의 기억에 터 잡아 변형하는 것이라 한다면 짧은 체험의 머리로야 무엇이라고 하랴. 그래서 철없는 순수에 머물던 추억을 현재에 불러낼 수밖에 없을 것 같다. 그래야 우리들 선(善)의 자리도 마련되지 않겠는가.

어느 비 개인 날
앞집에서 하나 뒷집에서 하나
들마당으로 뛰어들었지

소년이 짓궂게 따라붙자
여린 소녀는 동그란 금을 그어놓고
팔짝 들어앉아

"이 안에는 못 들어와!"

소년은 그러냐며 배시시 웃고는
금 밖을 맴돌 뿐이었으니

모든 것을 포함하며
어디에도 존재한다는 절대존자

그것은 한없이 커야 하므로
그보다 더 큰 것은 없고
그것은 한없이 작아야 하므로
그보다 더 작은 것은 없을 터

동그라미를 그어놓고
그 안으로 안으로 안으로 들여다보거나

그 밖으로 밖으로 밖으로 내다보노라면
무변(無邊) 광대(廣大)의 절대존자가 거기 있느니.

내 어린 시절
하나는 안에서 밖을 내다볼 줄 모르고
하나는 밖에서 안을 들여다볼 줄 몰랐으니
그래서 우리는
철모르는 순수였을 게다.

- 시 「동그라미 추억」

목석(木石)의 생명성

동지(冬至)가 지난 지 일주일이 되나보다. 이제부터 낮의 길이가 점점 길어진다 하나 소한, 대한의 혹독한 겨울을 견뎌야 봄을 맞으리라. 산야엔 나뭇잎 모두 떨어져 내린 나목(裸木)들이 떨고 있고 풀숲에 가려졌던 돌들도 얼굴이 드러나 차가운 햇살에 해뜩인다. 아무 감정 없는 것 같은 속에서도 우린 그 안에 숨은 생명성을 보아야 하리라.

목석(木石)은 나무와 돌을 말한다. 나무나 돌과 같이 감정 없는 사람을 비유하는 말이기도 하다. 그래서 아무런 감정 없는 마음씨를 목석간장이라 한다. 목석 중의 나무는 실가지 늘어뜨리고 한들거리는 일도 없고 땅 밑으로 뿌리 내리는 힘찬 역사(役事)도 없다. 하늘을 받치는 우람한 자태도 아니니 잎새도 뿌리도, 또 생명력도 없는 통나무를 떠올린다. 하지만 그것도 자연의 일부요 문명의 한 소재이기에 거기에 생명력을 불어넣는 것이 인간의 몫이기도 하다. 세상에 태어났으면 갈고 닦으라(鍊磨) 했으니 그렇지 않으면 한 개 통나무에 지나지 않으리라.

통나무 한 토막 뒹굴어왔다
영락없는 통나무였다
생김생김이 그랬다

땅에서 자랐는지 바다에서 솟았는지
굽이 진 나이테는 또 왜 그 모양이던지

아유타국 공주 맞던 설렘으로
분황사탑 다듬던 대목(大木)의 마음으로
고이고이 맞아들였다

여인상을 만들려 들었는데
사르르 여닫는 입술 빚어 이브라 할 참이었는데
보르르 떠는 가슴 올려 마돈나라 할 참이었는데
초롱한 눈망울 박아 샤로테라 할 참이었는데
나의 베아트리체라 할 참이었는데

허나, 통나무는 목수를 잡아 뒤흔들고 말았으니
허튼 손찌검을 거부함이던가
통나무이기를 고집함이던가

흩어진 끌밥 모아 가슴을 덮고
밀어 내린 대팻밥 입술에 얹어보니
통나무는 영락없는 통나무가 되는 구나

아름다운 인연은 따로 있는 법
신기(神技) 들린 목수 다시 끌 끝을 세우는 날
통나무는 그제야 변신도 꿈꾸리라.

- 시 「미완(未完)의 변」

노장사상의 요체는 복귀어박(復歸於樸)일 게다. 통나무로 돌아가라는 것이다. 자연 그대로의 온전성이나 조화에 흠을 내지 말라는 것이기도 할 게다. 그런 연유로 사람들은 원형을 그리워하는 것일 게다. 그런 줄도 모르고 무엇을 만들고자 하였으니, 그런 줄도 모르고 무엇이 되고자 몸부림도 쳤으니, 온전한 것이 내 앞에 놓인다면 이런저런 고뇌는 할 것도 없으련만.

어느 날 통나무 하나가 뒹굴어왔다. 내가 바로 그 통나무인지도 모를 일이었다. 부지런히 다듬어 무엇을 만들고자 했다. 나를 그렇게 다듬고자 했는지도 모를 일이다. 그렇게 쉬이 되는 일은 아니었다. 하던 일을 멈추고 끌밥을 긁어모았다. 이제껏 하는 일이란 고작 그런 것이었나 보다. 그래도 위안을 삼는 건 통나무, 그것이 있기 때문이려니 너의 존재요 나의 생명인 것이다.

나무보다 더 생명력이 없는 것이 돌이지만 돌은 나무보다 더 긴 생명력을 가지고 있다. 그래서 꽃은 피면서 쉽게 지고 풀은 푸르는 듯 누르지만 변치 않는 건 바위뿐이라 노래하며 의지하려든다.(윤선도의 오우가)

누구든 무엇인가에 의지해 살아가고자 하나 의지의 대상은 유한하기에 불안하기 마련이다. 혈육이나 스승, 배우자에게 의지하기도 하고 특별히 자신을 보호해줄 사람을 찾기도 하지만 생명과 신뢰의 유한성 외에 한없이 가벼운 게 인간사(人間事)이기에 때로는 자연에 깃든 절대자에 몸을 의탁하기도 했다.

예로부터 마을의 안녕을 지키기 위해 마을 어귀에 장승이나 벅수(法首)를 세워뒀다. 나무나 돌로 사람의 형상을 만들어 세워놓고 마을에 이르는 길을 안내하도록 하는가 하면 온갖 잡스러운 것들을 못 들어오게 했다. 그것은 인간보다 생명이 길고 그것은 또 변절할 염려도 없으려니.

사람이 죽으면 생전에 쓰던 물품들을 함께 묻기도 하고 종자(從者)를 함께 부장하기도 했다. 육신과 영혼을 보호하기 위해 묘지기를 두기도 했지만 그것은 유한한 것이기에 역시 돌로 사람이나 짐승의 형상을 만들어 묘 앞에 세워뒀다. 그것은 변절할 염려도 없으며 그것은 또 자리를 떠나는 일도 없으려니.

신라인들이 불국토의 염원을 담아 석굴암을 쪼아내듯 인도 아리안들이 영원한 사랑과 제국의 꿈을 담아 타지마할 궁전을 쪼아내듯 유한에서 무한을 꿈꾸는 인간의 염원이 이렇듯 나무나 돌에 의지하게 되었던 것이리라.

인류의 문명은 돌에서부터 시작되었다. 돌을 깨뜨려 도구로 사용한 것이 그 시초요, 깨뜨린 돌을 갈고 닦아 도구로 사용한 것이 그 다음이다. 생활도구가 다 갖춰지면 아름다운 형상도 만들어냈으니 그것이 목조물이나 석조물로서의 예술이다. 문명의 극과 극은 서로 닿아있다. 돌 자체를 생활도구로 이용하다가 지금은 돌가루로 웨이

퍼(Wafer)를 만들어 정보통신시대를 열었기에 말이다.

지구의 해저에는 '불타는 얼음'으로 불리는 하이드레이트가 10조 톤 가량 묻혀있다 한다. 이 얼음 같은 돌덩이가 공기와 결합하면 170배의 가스가 생성된다고 한다. 그런가하면 지구의 위성인 달에는 헬륨-3의 형태인 돌로 지구가 저장하고 있는 화석연료의 10배에 달하는 에너지를 보유하고 있다고도 한다.(앨빈 토플러의 「지식의 미래」) 이것만해도 미래의 에너지 고갈은 어느 정도 막을 수 있으려니 돌이 옥이 되는 것이 아니던가. 옥에 흙이 묻어 길가에 버렸으니 오가는 이 돌이라 한다지만 이젠 시어(詩語)도 돌을 옥인 듯 있으라고 고쳐야 할까보다.

*樸: 통나무 박

5.

흰 구름 둥둥

젓대(大笒)를 매만지며

불란서 사람들은 중산층 기준의 하나로 '스스로 악기 하나 다룰 줄 아는 것'을 든다한다. 문화를 사랑하는 나라라니 그럴 만도 하다는 생각이다. 벌써 30년 가까이 되어가지만 88서울 올림픽 때 외국인들을 홈스테이(Home Stay) 시키면서 우리네 중산층 가정생활 모습을 보여줄 요량으로 악기 연주에 관심을 갖게 되었는데, 피아노를… 기타를… 젓대를… 그러다가 느지막이 국악기인 젓대(大笒)를 잡게 되었다.

신라 제31대 신문왕 때 선왕을 위해 지은 감은사에 대나무가 있는 섬이 떠밀려왔다 한다. 점괘(占卦)에 따라 그 대나무로 피리를 만들어 불었더니 침공해오던 적군이 물러나고 가뭄에 비가 내리는가 하면 바람이 그치고 파도가 잠잠해져 이를 만파식적(萬波息笛)이라 칭하고 국보로 삼았다는 것이다.(『삼국유사』) 그 이후 이를 젓대, 저, 대금이라 부르게 되었다는데, 70센티미터쯤 길이의 대나무에 하나의 취구, 천공, 칠성공과 6개의 지공을 내고, 손가락으로 지공을 차례로 덮거나 열며 취구에 김을 불어넣어 소리를 내게 된다.

천공엔 갈대 속청을 붙이게 된다. 취구에 김을 불어 넣으면 그 속청이 떨리면서 가냘프거나 힘찬, 때론 폐부를 찌르는 듯 천년의 신비한 소리를 내게 된다. 불어넣는 숨을 밀고 닫고 맺고 푸는 기교에 따라 흥은 저절로 일고 맺혔던 한도 스르르 풀리게 되니 그런 맛으로 조선시대 궁중음악에서 정악으로, 서민들 간엔 산조로 전해지면서 오늘에 이르도록 사랑을 받고 있는 것 같다. 그중 대금산조는 무형문화재 제45호로 등록되어있기도 하다.

우리나라 최고의 사서인 부도지(符都誌, 신라 내물왕 때 박제상)를 보면 천지창조의 주인공은 신(神)이 아닌 율려(律呂) 즉 소리였다 한다. 남성성의 소리 율(律)과 여성성의 소리 여(呂)가 차례로 부활해 우주공간에 별이 생겼을 뿐 아니라 다시 율려가 부활해 인류 시조인 마고(麻姑)로부터 궁희, 소희, 황궁, 청궁, 백소, 흑소가 차례로 탄생해 인류를 구성해나갔다는 것이요, 우리 민족의 기원도 황궁, 유인, 환인, 환웅, 단군으로 이어갔다는 것이다.

율(律)이 상승파장의 남성성 소리라면 여(呂)는 하강파장의 여성성 소리일 텐데, 결국 율려의 부활에 의해 우주만물 모두가 생성 소멸하는 것이라 한다면 동양권에 널리 퍼진 음양오행의 상생 소멸사상과도 맥을 같이 하는 게 아닌가싶다.

미국의 천문과학자 아르노 펜지아스와 로버트 윌슨은 우주로부터 전해오는 마이크로웨이브배경복사를 발견해 1978년 노벨 물리학상을 받았다. 그들이 발견한 건 137억 년 전 빅뱅에 의해 형성된 초기우주가 실재했다는 것이요, 그로부터 발생된 배경복사가 시간과 우주공간을 타고 지구에 파장되어 울려오고 있나는 것이니, 그것은 바로 부도지에서 말하는 율과 여의 소리에 해당한다는 생각에까지 이르게 된다.

현대물리학 이론에 의하면 우주공간에서 눈에 보이는 실체는 4%에 불과하고 나머지 96%는 암흑물질이거나 암흑에너지라 한다. 그렇다면 거대한 우주공간의 주인공은 4%에 지나지 않는 실체가 아니라 그보다 더 크게 존재하는 96% 마이크로웨이브의 장엄한 우주 교향곡, 즉 율려의 소리라 해야 온당하지 않을까. 소리로 조화를 이뤄나가는 지혜가 무엇보다 소중하다는 소이가 여기에 있으니 지구촌 곳곳마다 마찰음 없이 고른 소리와 음악으로 함께 어울려나가길 바라는 마음 간절하다.

연말을 향하는 시국은 여전히 혼란스럽기만 하다. 배달된 신문을 펴들면 어지러워 어깨가 처지고 라디오를 틀면 격앙된 뉴스에 양미간이 찌푸려진다. 그렇다고 세상을 향해 소리 지를 형편도 못되니 아침저녁 젓대를 매만지며 김을 불어 넣을 뿐이지만 달라질 건 없어도 가슴이 트이면 이웃에 엷은 미소는 지어줄 수 있어 아니 좋을 수 없다.

생명의 시원(始原) 빅뱅(Big Bang)
백수십억 년 전 빛이요 파장이요 소리니
내 비록 근원이 보잘것없다 하나
소리야 못 내랴

왕산악 우륵 신기(神技) 이어 받아
붙들어 매고 줄 당겨
안고 뜯고 튕기고 문질러 조화 부리더라만

굴러 온 대(竹)일망정
막히고 더뎅이 진 구멍 후비고 파내
물고 불고 쓰다듬어 내 노랠 부른다

만파식적(萬波息笛) 오간데 없을망정
천년사직 빌던 율(律)이여 여(呂)여 소리여!
훈훈한 입김만은 끊지 않으리라.

- 시 「젓대」

*만파식적(萬波息笛): 신라 신문왕 때 나라에 평안을 주었다던 젓대
*율려(律呂): 부도지(符都誌)에 근거한 남성소리와 여성소리

물은 알고 있다

음료제조회사를 방문해봤다. 제조회사라야 쇠붙이나 다른 소재를 다뤄 무얼 만드는 곳이 아니라 자연계에 존재하는 물을 떠다가 가라앉히고 거르고 살균해 포장하는 곳이었다. 복잡하고 정밀한 공정을 둘러보니 안심하고 음용할 수 있는 음료제품이 쏟아져 나옴에 반갑기도 했지만 사람들이 물을 훼손한 죗값을 그들이 우선 대납하고 있다는 생각도 들었다.

지난 3월 22일은 유엔이 정한 '물의 날'이었다. 지구상에 물의 부족과 오염을 방지하고 물의 소중함을 되새기게 할 목적으로 1992년에 처음으로 지정되었으니 그로부터 올해가 열여섯 해째가 되는 셈이다. 지구표면은 70%가 물로 덮여있다고 한다. 그 중 바닷물이 97.5%를 차지한다고 하니 민물은 2.5%에 지나지 않는 셈이다. 그것도 그중 68.9%는 남극이나 북극의 빙하 또는 고산지대의 만년설 상태로 있고 29.9%는 땅 속 지하수 상태로 있으며 0,9%는 토양 또는 대기 중에 포함되어있고 나머지 0.3%만이 하천이나 호수에 흐르거나 잠겨 직접 이용할 수 있는 상태라고 하니 지구 전체

물 양의 0.0075%에 60여 억의 인구가 목숨을 걸고 있는 셈이다.

사람이 태어날 때의 수정란 상태는 물이 99%를 차지한다고 한다. 갓 태어났을 때는 90%에 이르고 성년이 되면 70%에 이르렀다가 수명을 다해 죽음을 맞이할 때쯤이면 50%까지 떨어진다니 육신은 물로 시작해 점점 탈수되면서 사라지는 것이라고나 해야겠다. 세상엔 온갖 것들이 생장 소멸한다. 그중에 가장 큰 주인을 들라면 진정 누구를 꼽을 것인가?

인간은 인간대로 만물의 영장이라며 여기저기 헤집어대고 있지만 어느 것은 단지 빠른 번식만으로 남의 영역을 갉아먹고 있고 또 어느 것은 힘자랑 하며 주인행세를 하려들며, 또 어느 것은 아름다움을 뽐내며 시선을 독점하려든다. 그런가하면 의지가 있는 듯 없는 듯 온갖 것들에 빠짐없이 스며들어 생명의 근간을 이루고 존재의 방식을 일깨워주는 것도 있으니 상선약수(上善若水, 老子)의 그 물인 것이다.

산모의 양수를 터뜨리며 터져 나오는 고고의 울음소리는 희열을 넘어 숭고하기까지 하다. 생명이 탄생되는 순간이니 그럴 수밖에 없다. 산에 솟는 해는 장엄하다지만 물에 지는 달은 고아하기 이를 데 없다. 낯빛 붉힐 것도 없이 고개를 다소곳이 숙이고 앞모습만 보이며 살며시 뒤로 물러서는 듯한 모습을 보노라면 함께 어머님의 품속으로 드는 것 같은 포근함에 더해 아쉬운 듯 신비감마저 느끼게 된다. 이와 마찬가지로 생명은 물에서 태어나 물로 돌아간다고 해도 지나친 말은 아닌 것 같다.

물은 안 가는 데가 없고 못 가는 데가 없다. 아래로 아래로만 흐르지만 몸이 무거우면 몸을 풀어 하늘로 올랐다가 비로 내려 다시 아래로 아래로 흐르기 때문이다. 물은 가장 널리 또 깊이 안다고 하겠다. 안 가본 데가 없고 안 들여다본 곳이 없을 테니 그리 말해보는 것이다. 물은 토라지며 홀로 외돌지도 않는다. 내가 강을 이루고 강이 바다를 이루듯 틈만 나면 흘러 흘러 하나로 어울리기 때문이다.

과학은 이미 20세기에 존재계는 입자인 듯 파동(진동)이요 파동인 듯 입자라는 입장을 표명했다.(양자역학론) 이는 물질의 구성요소로서의 소립자세계를 들여다보고 하는 말이겠지만 입자와 파동(진동) 상태를 한꺼번에 눈으로 여실히 보여주는 건 물 뿐이다. 호수에 잠기는 듯 여울져 흐르고 흐르는 듯 다시 호수나 바다에 고이 잠기는 것이다.

얼마 전에 일본의 에모토 마사루가 『물은 답을 알고 있다』란 책을 펴내 관심을 모은 일이 있었다. 생명의 근원인 물은 우주 끝으로부터 지구에 왔으며, 그러기에 물속엔 생명에 대한 신비한 정보가 다 들어있다는 것이다. 물 앞에서 사랑과 감사의 표시를 하면 물도 웃고, 짜증을 내거나 저주하면 물도 찡그린다는 것이다. 물이 사람 얼굴의 형상을 한 것은 아니니 그 웃고 찡그리는 모습이 사람과 같을 수야 없겠지만, 전자현미경으로 들여다본 물방울의 모습이 그렇다는 것이니 신기하기만 하다.

존재계가 입자라면 때로 홀로 존재함이요 파동(진동)이라면 때로 공명현상도 일어날 터이다. 서로 고른음이면 화음(和音)을 내고 고르지 않은 음은 불협화음(不協和音)을 내듯 공명현상에서도 한쪽에서 곱게 작용을 가하면 고운 울림을 낼 터이니 이것을 두고 물과 인간 사이의 텔레파시 현상이라고나 할지 모르겠다. 이른 새벽, 우리 어머니들이 정화수 한 사발 떠놓고 안녕과 복을 빌던 일도 물을 사자(使者)로 천지신명의 감응을 바랐던 것이니 이래저래 물을 신성하게 여겨야 할 이치다.

살아있음은 흐름이요 순환이다. 대지에 물길과 수맥이 뻗어 물이 흐르듯 몸속엔 속속들이 혈관이 뻗어 선명한 피가 흐르게 되어있다. 깨끗한 물이 잘 흘러 순환되어야 자연이 숨 쉬고 순화되듯 피가 잘 흘러 순환되어야 사람도 생기를 찾고 고른 생명이 유지된다. 혈행(血行)을 챙겨 몸을 돌보듯 물의 소중함도 되새겨야 할 이치가 여기에 있다. 물을 큰 물길을 따라 흐르는 세상의 큰 주인이라 한다면 사람은 작은 물길을 따라 흐르는 작은 주인일 뿐이다. 그러니 물을 보면 인간의 모습도 인류의 미래도 안다고 하겠다.

몸을 돌보려면 몸만이 아니라 주변 환경도 다스려야 하듯 물을 돌보려면 물만이 아니라 물의 환경도 돌봐야 한다. 요즘 걱정되는 지구 온난화의 피해는 물의 환경이 열악해져 생기는 현상이요, 사이클론이나 허리케인의 피해는 물의 순환이 조화를 잃음에 따른 물벼락이라 할 수 있으니 물뿐만 아니라 물의 환경도 돌봐야 인류의 미래가 보장될 것이다. 물의 날은 내년에야 다시 돌아온다지만 음료제조 자동공정라인은 이제도 쉼 없이 돌 터요 물은 또 세월 따라 쉼 없이 흘러가고 흘러 올 터이니 삶의 터전 모두가 그러하리라.

(2008. 3)

비둘기낭 폭포를 찾아

초복(初伏)이었다. 국민안전처로부터 폭염 주의보도 내려졌으니 덥긴 더울 모양이었다. 하지로부터 3경(庚)이 초복이요, 4경이 중복. 그리고 추분으로부터 첫 경이 말복인데, 옛말에 복(伏) 하나에 벼마디가 하나씩 자란다 했다. 다 자라면 이삭은 고개 숙이고 순명(順命)을 기다릴 뿐이니 역경을 이겨내며 성숙해가는 우리네 삶도 이와 다르진 않을 것이다.

비 온 끝이라 물을 찾아보기로 했다. 어린 시절 큰비가 내려 둑이 터지고 내가 넘쳐나면 농작물이 쓸려 나가면서 어버이들의 한숨을 짜내곤 했다. 철없는 이것이야 그런 줄도 모르고 막대기 하나 들고 물가로 나가 떠내려 오는 것들을 헤집어보며 신기해할 뿐이었으니, 그런 기억이 가라앉았다 떠오른 것이던지 한탄강을 거슬러 올라가다가 비둘기낭 폭포에 이르게 되었던 것이다.

포천 영북면에 있는 비둘기낭 폭포는 한탄강 용암대지가 유수의 침식을 받아 여러 지형으로 변화하면서 형성되었다 한다. 한탄강 팔경 중 제6경으로 불리며 천연기념물 제537호로 선정되어 보호받고 있기도 한데 온통 절벽으로 둘러싸여 있는 폭포 주변에는 담쟁이덩굴, 돌단풍, 느릅나무 등 다양한 수종과 이끼가 자란다고도 했다. 폭포수가 고인 비취색 소(沼)와 이를 감싼 검은 주상절리 절벽이 신비로운 풍광을 펼쳐내기에 드라마 '선덕여왕'이나 '추노' 등 다양한 작품에 등장하기도 했지만 비 온 뒤면 내리 쏟는 물줄기로 청량한 비경을 연출한다기에 찾아갔던 것이다.

아! 저 도저하게 쏟는 물줄기는 누구의 의지던가… 허공에 내지르며 정적을 깨우니 수면을 뒤집는 바람조차 일어 간담이 서늘해졌을 뿐 말문이 막히고 말았다. 폭포 아래로 내려다보노라니 언제 그랬느냐는 듯 계곡을 적시며 흘러가는 건 조용해진 물과 나뭇잎을 살살 흔드는 골바람이었다.

낮은 데로 찾아든다고 탓하지 마라
목마른 이 거기 있느니
가다가 머뭇거린다고 탓하지 마라
속속 스며들어 갈증 풀어주고자 함이니

그러다가 슬그머니 사라진다고 탓하지 마라
높이 올라 아래를 내려다보고 싶음이니
그렇다고 거만 떤다고도 탓하지 마라
내리면서 도닥도닥 어르고자 함이니

내 갈 길 그것이거늘
내 살점 빌려 나토고 있는 목숨들이여

의지 없다고 푸념도 마라
쉼 없이 갈 뿐이니

제 얼굴에 침 뱉는 자들이여!
갈 길 잃는 일도 사라지는 일도
또 순결을 잃을 일도 마다 하느니

바라는 소리는 물소리
바람 바람
바람.

– 시 「물소리 바람소리」

지난 시절들이란 별 개념 없이 호기심을 찾는 일들뿐이었다. 이젠 때때로 무슨 지향성을 갖고 나대는지 자문도 해본다지만 예나 지금이나 크게 다르진 않은 것 같다. 오히려 간간 찾아드는 의미상실감을 숨기기 위해 더 하릴없이 나대는지도 모르겠다.

호기심을 잃으면 삶의 의욕이 사라진다고 한다. 자신의 의지가 실리지 않은 삶은 거품일 뿐이다. 시들해진 호기심을 살려내고 희미해진 지향성을 되살려보기도 하지만 이젠 도도히 흐르는 운명 앞에 겸손해질 뿐이란 생각에 이르기도 한다.

미하일 엔데는 「자유의 감옥」에서 '인샬라'라는 별명을 가진 장님 거지와 지나가던 칼리프와의 이야기를 통해 자유의지란 걸 동화처럼 재미있게 엮어냈다. 인간에겐 자유의지가 있기에 스스로 도출해 낸 판단에 의해서만 선과 악이 야기될 수 있다는 그리스 적 사고의 유혹을 뿌리치고 알라의 뜻에 의존한다는 인살라, 대양의 공기방울 같다는 자유의 감옥에는 알라의 전능함이 미치지 않는다는 악령(이블리스)의 말에 대해서도 그 말이 맞기도 하고 틀리기도 하다는 이중 논법을 펼치면서 그런 것이 있거나 없거나 모두 알라의 뜻이라는 것이지만, 자신의 의지를 펴는 것도 알라의 뜻을 따르는 것도 결국 겸손이라는 벽에 부딪치지 않을 수 없다는 생각에 이르고 마는 것이다.

시들지 않는 꽃

석촌 호반을 돌아보려 집을 나서려면 양쪽에 늘어선 음식 거리를 지나야 한다. 꽃의 카페, 메밀공방, 세븐 스프링스… 요즘 화제인 네이쳐 리퍼블릭(Nature Republic), 스위트 홈(Sweet Home)도 또 은행도 있다. 그중에서도 '꽃의 카페'에 내걸린 글이 늘 마음을 끈다. '시들지 않는 생화로 마음을 전하세요'라는….

오래전 미하일 엔데는 동화이야기 『모모』를 펴내 관심을 끌었다. 시간을 빼앗아간 회색신사들에게서 빼앗긴 시간을 찾아 다시 인간에게 돌려준다는 어린 소녀 모모의 이야기다. 마지막에 호라 박사로부터 '시들지 않는 꽃' 한 송이를 받아 이것으로 시간을 잃은 사람들을 모두 구원한다는 내용으로 많은 생각을 하게 해줬다.

시간은 무엇이며 보이기나 하는 것이던가? 그 시간은 누구로부터 주어지는 것이며 뺏고 빼앗길 수 있는 것인가? 시간을 절약하면 그것을 비축해서 다음에 다시 쓸 수 있기나 한 것인가? 엔데는 이걸 동화적인 이야기로 흥미진진하게 풀어나갔다.

흔히 시간을 아끼라 한다. 한 순간도 가벼이 말라고도 한다.(一寸

光陰 不可輕) 맞는 말이다. 한번뿐인 인생, 어찌 촌음이라도 낭비하랴. 이런 경구를 알고 그런 건 아니겠지만 모모의 친구인 청소부 베포는 천천히, 하지만 끊임없이 쓸어나간다. 끊임없이 쓸되 한 걸음 떼어 놓을 때마다 숨 한 번 쉬고, 숨 한 번 쉴 때마다 비질을 한 번 하고, 한 번 쉼 쉬고 한 번 비질, 한 번 숨 쉬고 한 번 비질… 그러다가 잠시 멈춰 서서 생각에 잠겨 앞을 우두커니 바라보기도 하나 한 순간도 허비하는 일은 없다.

허나 노동의 강도를 더해서 그 아낀 시간을 은행에 저축하여 장래에 대비하라는 회색신사들의 설교에 넘어간 베포는 노동의 강도를 날로 높일 뿐 아니라 절약된 시간마저 쉴 것도 없이 쓸고 또 쓰는 것이었다. 이런 결과로 좋은 집, 좋은 옷을 사 입고 지낼 수 있게 되었지만 틈틈이 가졌던 모모와의 교감뿐만 아니라 그 외 이웃들과의 교감도 모두 끊겨 삶이 삭막해져만 갔던 것이다.

엔데는 "시간은 삶이요, 그 삶은 가슴 속에 깃들어있다."고 했다. 손에 쥔 것도 아니요 머릿속에 집어넣은 것도 아니요 단지 가슴 속에 깃들어있는 것이라면 그건 감동이 아닐까싶다. 가슴으로 느끼는 감동 있는 삶을 위해 일하고 또 시간을 아끼는 것이라면 여유시간을 감동 있는 삶에 쏟아야 하지 않나싶다. 그런데도 단지 경제적 교환가치인 돈을 벌고 절약해 은행에 맡기는 것에만 열을 올린다면 제한된 시간 속에서의 삶은 허망해지는 게 아니던가.

모모는 폐허가 된 공원의 빈 터에 혼자 사는 어린 소녀다. 어디서 태어났는지, 보호자조차 있는지도 모를 남루한 옷에 먹을 것도 없으니 추위와 배고픔에 시달리는, 그러니까 이웃들의 호기심이나 자극하고 동정심을 살 뿐이다. 이러한 모모를 주위의 많은 사람들이 찾아와 이야기를 건네며 먹을 것을 가져다주고 관심을 보이며, 그럴 때마다 모모는 그런 이야기들을 진지하게 들어주는 가운데 따뜻한 교감이 이뤄져나갔던 것이다. 하지만 시간을 절약하고 또 남는 시간조차 절약해서 장래를 비축하라는 도시 회색신사들의 획책에 많은 사람들이 넘어가 점점 여유 없는 바쁜 삶을 살아가게 되고 세상은 날로 삭막해져가는 것이었다.

돌이켜보니 직장에서 물러난 지도 15년이 넘어서고 있다. 직장생활 할 때야 밤낮 허둥댔다지만 직장에서 물러난 뒤에 어떤 삶을 살아왔는지 생각해보니 손에 반반하게 쥐어지는 게 별로 없는 것 같다. 재능기부를 들어 회계컨설팅을 한다고 사무실은 차려놨지만 가까운 이들과 잡담이나 하는 장소로 변한 지 오래다. 실속은 그것밖에 없으니 문을 닫아야 할지를 생각하게 된다. 시인이랍시고 문단에 들어 못난 시집 두어 권을 내보기도 했지만 성에 차질 않는다. 여기저기 문예지에 더러 글을 투고해보기도 하나 다시 읽어보면 마뜩찮을 뿐이다. 그러는 가운데 이런저런 문인들과 간간 어울려보기도 한다지만 깊은 교감으로 빠져들지도 않는 것 같다. 이제 여생이 초조해지기까지 한다.

살아오면서 그동안 비축해놓은 게 무얼까 생각해본다. 물론 아내와 두 딸을 두었으니, 그것도 그 딸들이 결혼해 두 자녀씩을 두었으니 그게 보람이기도 할 게다. 은행계좌는 아내가 관리하고 있지만 얼마 되지 않는 잔고도 비축해놓은 자산일 터이다. 허나 지금 나와의 상관관계를 보면 그것들이 그렇게 절절한 애착이나 집착의 대상도 아닌 것 같다. 평온하게 있어주면 좋을 것이나 없어도 크게 아쉬울 게 없다는 생각이어서 그런 것이다.

유미주의자인 페이터는 '저 인구에 회자하는 호머의 시구 하나로도 비애나 슬픔으로부터 자유로워진다'고 썼다.(페이터의 산문) 비록 인구들이야 무관심할지라도 이제라도 내 스스로 읽어 감동할 수 있는 시 한 편이라도 써보고 싶은 심정은 남아 있어 다행이라 할까…. 남은 삶이 초조해져가는 이때, 시간이 삶이요 삶은 가슴에 깃들어있다는 것이니 잠자는 가슴에 불을 지펴 감동을 일으키고 싶다.

모모는 처음에 들어주는 것만으로 사람들에게 구원을 주었다. 비록 자신은 헐벗고 배고파 남들에게 아무것도 줄 수 없는 형편이었지만 가만히 들어주며 관심을 표하는 것만으로 삶의 윤기를 더해줬던 것이다. 하지만 사람들이 시간을 모두 잃은 다음에는 그들에게 꽃 한 송이로 구원을 주었다. 그 꽃은 생명이 한 시간으로 제한되어 있었지만 꽃은 영원성을 갖는다. 피면 시들면서 열매를 맺고, 열매는 다시 싹 터 꽃을 피우니 그런 게 아닐까.

부처님은 들어주는 자다. 낮에도 밤에도 자애로운 표정으로 그저 들어줄 뿐이요 예수나 성모 마리아도 그와 다르지 않다. 앞으로 나의 마음을 들어주는 이를 찾아봐야겠다. 그게 누구이든 무엇이든 상관할 것도 없이 내가 의지하고 평안을 찾을 수 있는 하나이면 좋겠다. 그러면 그에게 나도 시들지 않는 꽃 한 송이 바치고 싶은 것이다.

(2015.1)

애착과 집착

파리 루브르박물관을 둘러볼 때였다. 그때도 오늘처럼 비가 내리고 있었다. 바쁜 일정 중에서도 한참이나 머물렀던 곳은 박물관의 3대 걸작이라는 다빈치의 모나리자도 사모트라케의 니케도 또 밀로의 비너스도 아닌 베르니니의 헤르마프로디토스 대리석상 앞이었다.

남녀 생식기를 모두 갖추고 있는 어지자지의 잠자는 모습인데, 그건 마치 무엇에 취해 도취한 내 형색이거나 갈증에 목말라 몸부림치다 체념해버린 내 몰골 같기도 했고 퇴화해가는 내 남성성이 석상의 등허리에서 흘러내리는 것 같기도 했다.

뤼키아 지방 호수의 요정 살마키스는 다른 요정들과 달리 혼자 꽃을 꺾고 사색을 즐기며 지낸다. 어느 날 호숫가를 거닐던 미소년 헤르마프로디토스를 보고 반해 사랑을 고백하지만 완강히 거절당하고 만다. 그러나 호수에 뛰어든 헤르마프로디토스의 목을 꼭 껴안으며 신에게 둘이 떨어지지 않게 해 달라 부탁하자 두 몸이 한 몸으로 변하여 자웅동체가 된다.

이를 언짢아 한 헤르마프로디토스는 신에게 부탁해 그 호수에 잠긴 자들 모두 자신과 같은 신세가 되도록 해 달라 했으니(오비디우스의 「변신 이야기」 중에서), 결국 반쪽은 욕망을 채운 꼴이 되었으며 다른 반쪽은 불만을 저주로 바꿔놓은 셈이 된다.

인간은 원래 양성이었는데 신이 반쪽으로 갈라놓은 뒤부터 잃어진 반쪽을 찾아 헤매게 되었다 한다.(플라톤의 '향연' 중에서) 또한 그게 사랑이라 했으니 욕망과 사랑은 같은 맥락이라 할 수 있다.

죽는 날까지 하늘을 우러러 한 점 부끄럼 없기를 노래한 시인 윤동주, 그는 별을 노래하는 마음으로 모든 죽어가는 것들을 사랑한다 했다. 이렇듯 저마다 지향하는 정신세계가 있고 아끼는 물질세계가 있으며 애써 잡으려는 열망들이 있다.

애착이라면 사랑의 여운이 풍기기도 하고 집착이라면 욕망의 고집이 떠오르기도 하는데 나에게 있어 가장 애착이 가는 게 무어냐고 묻는다면 무엇이라 할까. 탈 없는 육신이라 할까? 평온한 정신상태라 할까? 아니면 장롱 깊숙이 넣어둔 얼마간의 예금통장이라 할까? 그도 아니면 내 가족의 안위라고나 할까?

그러나 이것들은 하나도 소홀할 수 없는 것들일 게다. 건강한 육신에 건강한 정신이 깃드는 것이며 건강한 정신은 건강한 육신이어야 행동으로 이어지는 때문이요 인간의 제일차적 본능은 종족보존이라니 이를 위한 가족의 안위와 최소한의 경제력은 또한 불가결의 요소가 되기 때문이다. 이들 모두 이와 잇몸의 순치(脣齒) 관계에 있지 아니한가.

인간은 세 가지로 살아간다고도 한다. 하나는 팔다리로 둘은 머리로 셋은 가슴으로 살아가는 것이라 하던가. 팔다리를 근면의 삶이라 하고 머리를 지성의 삶이라 한다면 가슴은 따뜻한 것이니 베풂과 정신적 고양(高揚)의 생활이라 할게다. 냉혈동물이 아니고야 그렇지 아니한가.

하루하루 삶의 목적이 미적 열정을 찾아가는 데에 있다면 얼마나 좋으랴. 똥물을 핥아대는 파리 떼나 허망한 입신양명의 신기루 앞에서 백열등에 머리를 처박는 불나비들을 보노라면 페이터의 주옥같은 글이 떠오르니 말이다.

> 우리는 한 막간을 살다가 언제 우리의 자리를 비워주어야 할지 아는 사람은 아무도 없다. 어떤 사람은 이 막간을 무관심한 상태로 허송하고 어떤 사람은 불타는 열정으로 살아가고 적어도 이 세상의 자식들 가운데 가장 현명한 사람은 예술과 음악을 즐기며 살아간다.
>
> 유용하게 지내는 한 가지 방법은 이 막간을 확장하고 가능한 한 많은 맥동(脈動)을 주어진 시간에 불어넣는 일이다. 활기에 차고 증가된 인식의 열매를 인간에게 안겨주는 것이 바로 이 열정이다.
>
> 시적 열정, 미(美)에 대한 갈구, 예술을 위한 예술의 애착은 가장 현명한 일이다.' - 월터 페이터, 「애착(愛着)」 중에서

애착이라면 품어 살찌우려는 서양적 사고도 연상되고 집착이라면 떨어내어 가벼이 하려는 동양적 사고도 연상되는데 나에게 있어 이제 품어 살찌우거나 떨어내 비울 게 무어냐고 물어온다면 무엇이라

말할 수 있을까. 허나 헤르마프로디토스 석상 앞에서 물러난 지 오래건만 그때의 내 모습으로부터 별로 변화의 몸짓을 찾아볼 수 없으니 더 끌어안거나 움켜쥘 것도 놓아버릴 것도 없단 말인가.

나직한 산길을 돌고 돌아 오르다가 내려와 물가에 이른다. 물은 흘러 강을 이루다가 바다에 이르고 출렁이는 파도는 하늘로 올라 구름을 이루리라. 다시 구름은 비를 이루어 강에 내리고 강물은 흘러 바다에 이르려니 자연의 이치가 이러하듯 나도 예와 다름없이 늘 이렇게 거닌다.

존재는 시작도 끝도 없이 영원한 법이다. 무엇이 생기고 없어졌다 할 것도 무엇이 높고 낮다 할 것도 없이 다만 돌고 도는 것이라 자위도 해보지만, 마음 한구석 허전한 바람이 돌고 있는 건 왜일까….

강물도 물이요 구름도 물이니 한 방울은 꽃눈에 스며들어 꽃으로 나토고 한 방울은 잎눈에 스며들어 잎새를 이루리라. 그것은 또 머지않아 본디로 돌아갈 뿐이니 그 영원성 앞에 분별하고 집착함은 부질없는 일이기도 하려니, 그렇다면 오로지 순환하는 자연의 소리에 귀 기울이고 그 노래를 흉내라도 내보는 것이리라.

왜 이리 상기되는가. 어설픈 투정을 들어줄 사람이라도 옆에 있단 말인가. 내리치는 빗줄기 한줌 묶어내어 얼굴이라도 쓸어내리고 싶지만, 돌아가 젓대나 만지작거리며 입김이나 불어 넣어야겠다.

어떻게 살 것인가

반갑고 고맙고 기쁘다
앉은 자리가 꽃자리니라
네가 시방 가시방석처럼 여기는
너의 앉은 그 자리가
바로 꽃자리니라
꽃자리니라….

십여 년 전에 타계한 구도의 시인 구상의 시 「꽃자리」는 이렇게 시작된다. 삶의 근간이 살아있음이라 할 때 좋으나 궂으나 살아있는 이 순간이 화양연화라는 것이다. 과거는 흘러간 기억이요 미래는 내다보는 바람일 뿐이니 바로 이 순간순간이 삶의 근간이 아니겠는가. 가시방석이든 꽃방석이든 가릴 것 없이 앉아있는 이 순간이 반갑고 고마우니 기뻐하자는 것인데, 로마의 시인 호라티우스 송가의 '카르페 디엠'도 이와 맥을 같이 하는 것이리라.

방석은 그것이 어느 것이든 씨줄과 날줄로 엮여야 된다. 불가(佛家)에선 이를 인연설로 풀이하지만, 인(因)은 씨요 연(緣)은 물이니 씨가 물을 만나야 싹을 틔우듯 우리의 삶도 이치가 그런 것이어서 홀로는 살 수 없는 것이다.

가끔은 이웃으로부터 '왜 살아야 하느냐?'란 말을 듣는다. 그러면 삶이 선택이 아니라 주어진 것이니 일단은 살아갈 수밖에 없을 것이란 생각에 이르기도 한다. 가끔은 또 '무엇을 위해 살아가야 하느냐?'란 말을 듣는다. 그것은 가치관의 문제이니 스스로 알고 깨달아서 그 무엇은 각자가 찾고 정립해야 할 일이란 생각에 이르고 만다. 그렇다면 '어떻게 살아가야 할까?' 하는 문제에 이르게 되는데, 이럴 때면 '더불어'란 수식어를 동시에 생각하게 된다. 그 대상은 정물일 수도 무정물일 수도 있겠지만 정물 중엔 나와 같은 사람을 제일 먼저 생각하게 마련이다.

흔히 사람 위에 사람 없고 사람 아래 사람 없다 한다. 세계인권선언에 내포된 의미이기도 하지만 더불어 살아가는 너와 내가 똑같은 권리 의무 내지 독립된 인격주체라는 걸 말하는 것이리라. 따라서 정당한 권리 의무 외에 상대방에게 어떠한 것도 강요하거나 제약할 수 없으며, 단지 그런 틀 안에서 자신의 행위를 제어해나갈 수밖에 없음을 깨닫게 된다.

중국 위나라의 자공이 공자에게 "평생에 지켜야 할 한마디 말이 있느냐?"고 묻자 공자는 "내가 원치 않는 일은 다른 사람에게도 강요해서는 안 된다.(己所不欲 勿施於人)"고 했다.(논어 위령공 편) 서양정신의 두 기둥이 헬레니즘과 헤브라이즘이라 할 때 그 한 축이 되는 성경에선 "그러므로 무엇이든지 남에게 대접을 받고자 하는 대로 너희도 남을 대접하라.(마태복음 7장 12절)" 했다. 동서양의 이 두 지혜를 한데 놓고 보면 내가 하지 말아야 할 일과 해야 할 일의 한계가 이론(異論) 없이 명확히 드러나게 된다.

행위의 도덕성을 근거 짓는 최고의 원리를 도덕법칙이라 할 때 칸트는 무엇을 얻기 위한 수단으로서 이렇게 저렇게 해야 한다는 것이 아니라 그 자체가 최고의 가치를 지닌 단언적 지상명령으로서 "그대가 하고자 의도하는 것이 동시에 누구에게나 통용될 수 있도록 행하라." 했는데(칸트의 정언명령), 위 유교정신과 기독교정신의 도덕률이 이 정언명령에서 만나고 있음을 볼 때 양의 동서나 시대의 고금을 통틀어 남의 독립적 인격권을 해하지 않는 행위규범이 명확해짐을 알 수 있게 된다.

수년간 면벽정진하기로 유명한 성철스님은 그의 오도송(悟道頌) 첫 머리에서 평생 사람들을 기만하는 데에 광분했다 한다.(生平欺狂男女群) 그럴 리야 없겠지만 삼천 배를 한 뒤에야 친견을 허락했다든가 많은 법문을 전하면서 이래야 저래야 한다 했을 테니 그를 뉘우친 건 아닐까? 물론 사람답게 잘 살아야 한다는 취지이겠으나 삶의 가치관은 각자의 몫일뿐이요, 단지 더불어 살아나감에 있어 지켜야 할 최고의 덕목은 고유하게 따로 있는 것이라 한다면 내가 하고 싶지 않은 걸 남에게 강요하거나 내가 이웃에게 바라는 것을 먼저 하지 않고 바라기만 한다면, 그리고 내가 의도하는 것이 남이 생각하는 것과 다른 것이라면 옳지 않다는 걸 알아차려야 하리라.

얼마 전 어느 단체수련회가 있었다. 운영진 및 회원들과 함께 버스로 수련장인 강화도로 가는 중 첫 번째로 지명을 받아 공동생활을 어떻게 할 것인가에 관한 물음을 받았다. 황당하기도 했지만 기회에 여러분들의 이야기도 들을 겸 말문을 위와 같이 열어봤지만 전하고자 했던 생각이 제대로 전달되었는지 모르겠다.

어느 단체나 각자의 학력이나 교양수준이 다양하고, 또 취향도 다른 것이어서 어떻게 생활해야 하느냐에 관한 객관적 기준을 제시하기는 쉽지 않다. 하지만 집에서 새는 바가지 밖에서도 샌다는 것이니 일상생활을 해나감에 지켜야 할 덕목이 우리 집단에도 적용될 수 있는 것이라 판단되어 두서없는 이야기를 늘어놨지만 완벽한 사람은 없는지라 공자가 말씀했다는 용서(恕)의 덕목도 꼭 품고 살아가야 하리라.

그러나 이성으로 채 무장되지 않았거나 판단력이 부족해 실수하는 것이야 서로 깨우치고 깨닫게 하며 살아가야 하겠지만 알 것 다 알면서 도덕성을 그르친다면 그건 기만이니 용서의 대상에서 벗어내야 하리라. 단테가 베르길리우스의 안내를 받아 베아트리체를 만나러 가는 도중에 여러 형태의 지옥을 거치게 되는데 그중에서 기만한 죄를 범한 사람들은 폭력 등 다른 죄인에 비해 더 무시무시한 피의 열탕에서 고통을 받는다.(단테의 신곡 중 지옥편) 이걸 보더라도 알 것 다 알면서 도덕성을 훼손한 사람은 마각(馬脚)을 드러낸 것이어서 용서의 대상에서 너그러울 순 없는 일이다.

(2018. 5)

여수 순천의 화려한 반란

눈물이 나면 기차를 타고 선암사로 가라던 시인이 있다.(정호승) 선암사 해우소로 가서 실컷 울라고 했던가…. 해우소에 쭈그리고 앉아 울고 있으면 죽은 소나무뿌리가 기어 다니고 목어가 푸른 하늘을 날아다닌다 했던가….

시인의 눈물은 무엇이던지 그건 시인만이 알 일이다. 허나 선암사의 순천은 이데올로기에 눈 먼 좌익분자들의 반란으로 눈물바다가 되었던 때가 있었으니(1948년 시월의 여수순천반란사건) 여수에서 발단된 난동은 순천을 뒤집어놓고 산속으로 스러져갔던 것이다. 그 눈물은 피골이 상접한 삭신 곳곳 슬픈 기억으로 스며들었으니 그땐 여차하면 이쪽이 저쪽으로 저쪽이 이쪽으로 뒤집히며 피가 피를 부르고 살점을 찢어내는 처절한 풍경만이 있었을 뿐이었다.

시인은 기차를 타고 순천의 선암사로 가라지만 세월은 또 흐르는 것이던지 이젠 시발 종착 모두 전라도 안에 쑤셔 넣은 전라선만 타고 가는 게 아니다. 대양에서 이어지는 한려해상국립공원과 다도해해상국립공원 홍살문에 들어서 여수만에 이르기도 하고 다도해해상국립공원 두 물문을 들어선 순천만에 이르러 여수 순천에 닿으면 되느니 그래서 지난 5월에 시작된 2012여수엑스포축제나 내년 4월에 시작되는 2013순천국제정원박람회는 모두 대양의 물길로 맞아들이는 세계의 두 축제라 해보는 것이요 그래서 여수 순천의 화려한 반란이라 해보는 것이다.

지구는 바다라 해도 지나친 말이 아니다. 바다가 점하는 비율이 70프로를 넘는다니 그렇다면 삶의 터전을 위해 먼저 눈여길 곳은 바다가 아니던가. 생명은 바다에서 시작되었다 한다. 생명은 산소를 숨 쉬며 생명을 이어나가느니 그 산소 대부분이 바다에서 생성된다 하니 그런 것이다.

바다는 뭇 생명들이 깃들 수 있는 커다란 공간이다. 바다는 태양열을 받아 춥고 더운 격차를 완화하는 곳이기도 하며 바다는 그 생명체들 먹거리의 보고이기도 하다. 그래서 바다는 생명의 터전이 되는 것이다.

바다는 넓고 끝이 없다. 그 위에 육지가 드문드문 박혀 징검다리를 놓고 있을 뿐 바다는 시작도 끝도 끊어짐도 없다. 그런 바다를 닮아 우리의 삶도 찢어짐이 없으면 얼마나 좋으랴. 그런 바다를 닮아 우리의 심성도 푸르고 싱싱하면 얼마나 좋으랴. 내년에 이어지는 정원박람회의 캐릭터도 푸름이라니 여수의 여니(開) 수니(水, 秀)와 순천의 푸름이가 짝을 이뤄 인류의 관심을 잘 끌어 모으는 여순이가 되었으면 좋겠다.

살아있는 바다, 숨 쉬는 연안을 외치는 여수엑스포. 지구상 가장 온전하게 보존되어있는 연안습지임을 선언하는 순천정원박람회. 여수만은 여수만에만 있고 순천만은 순천만에만 있느니 이제 여수 순천에만 있었던 가장 아픈 반란에서 여수만 순천만에만 있는 가장 화려한 반란을 이어나가는 것이다.

여수에 가서 돈 자랑 말라 했던가. 하지만 이제 말끔히 정리된 여수항이 세계 4대 미항으로 꼽힌다니 여수만을 떠나 아름다운 연안을 자랑 말아야 할게다. 순천에 가서 인물 자랑 말라 했던가. 하지만 다음해 순천만 언저리를 말끔히 정리하면 세계의 정원으로 꼽힐 테니 순천만을 떠나 아름다운 연안과 정원을 자랑 말아야 할게다. 하여 이런 연유만으로도 여수 순천의 아름다운 반란이라 해볼 수 있지 않을까 싶다.

(2012. 7)

우금치와 경술국치

충남 공주의 금학동 남녘 끝에 우금치가 있다. 예전엔 고개가 험하고 도둑이 심해 저물녘이면 소를 끌고 오르지 말라 해서 우금치(牛禁峙)라 했다 한다. 그 고개를 넘어야 논산과 부여로 통하고, 또 부여와 논산에서 그 고개를 넘어야 공주를 거쳐 한양으로 들어갔던 것이다.

그곳에 가면 나는 울음을 금치 못한다. 나에겐 그래서 그곳이 '울금치'이다. 그건 소를 잃고 외양간을 고쳐야 하는 설움 때문이 아니다. 나라의 운명이 바람 앞에 놓인 등불인 때에 사방에서 무슨 바람이 불어오는지도 모른 채 그 바람까지 불러들여 등불을 무참히 꺼버리고 말았기에 금치 못하는 울음인 것이다. 등불 앞의 바람은 나라요, 바람 앞의 등불은 반봉건과 반외세의 기치를 내건 동학혁명의 숭고한 횃불이었다. 그것만으로도 서로 사는 상생이 아니라 서로 죽이는 상쇄의 형국이었던 것인데, 외세의 바람까지 불러들였으니 그 숭고한 횃불이 어찌 들불처럼 번져나갈 수 있었으랴. 관군에 청군과 일군을 불러들이고, 거기에 대원군까지 끼어들어 불빛을 덮는 암흑을 초래했던 것이다.

1894년 1월에 일어난 동학농민혁명은 불행하게도 그해 11월 9일, 우금치에서 종말을 맞고 만다. 전봉준과 손병희가 이끌던 혁명군의 남접, 북접이 논산에서 합류해 이인, 효포, 웅치 등지에서 관군을 밀쳐내고 우금치까지 접근했으나 현대식 총포로 무장한 일군에 밀려 50여 차례나 밀고 밀리는 격전 끝에 모두 희생되고 말았던 것이다. 그를 일러 지금도 죽을 줄도 모르고 역경을 넘고 또 넘는 것을 '우금치현상'이라 한다지만, 참혹해도 너무 참혹했던 순간이요 현장이기에 그곳에 가면 울음을 금치 못하는 것이다.

최초 고부에서 발단되어 반봉건, 반외세의 기치를 내건 숭고한 혁명운동은 관군과 일군에 의해 미완에 그쳤지만 그 정신만은 민중 속에 이어지고 있으니, 1973년 11월엔 천도교 공주교구에서 이곳에 동학혁명군위령탑을 세워 추모하고 있다. 팔월의 끝자락, 그 현장엔 잡초와 더불어 녹두꽃도 노랗게 피어나고 있는데, 오늘은 8월 29일, 경술국치의 그날이다. 동학혁명을 잘 다스렸더라면 그날이 있었겠는가. 이젠 울음의 현장이 아닌 숭고한 얼의 본거지로 되새기고 또 되새겨 자존을 확고히 해야 할 때다.

(2015. 8)

인천대교를 바라보며

그해 3월 26일 밤이었지. 우리 해군 초계함 PCC-772함이 정체불명 어뢰의 격침을 받아 장병 46명이 목숨을 잃은 게 2010년 3월 26일 밤이었던 것이다. 국내외 합동조사반의 조사결과 북한 소행으로 밝혀졌고 이어서 유엔 안보이사회의 의장성명으로 규탄까지 했었지만 이에 관한 국론은 분열상을 보이기도 했었다.

중세시대에 지구는 둥글다고 발설한 코페르니쿠스 일단에게 교황청은 파문을 했었다. 허나 수세기가 지난 얼마 전에 교황청은 결국 반성을 했는데 참사 이후 3년이 되도록 북한은 그런 일 없다고 도리 하는 외에 남한과 미국이 핵전쟁을 획책한다는 억지를 부리고 있으니 세월이 얼마나 더 흘러야 참회를 한단 말이냐.

인천대교, 저 다리를 건너면 영종도에 이른다. 긴(永) 마루(宗)의 섬(島)이라는 뜻의 영종도. 그래서 일찍이 호사가들은 이 섬이 긴 마루의 형상이라서 긴 활주로를 필요로 하는 비행장이 될 것이라 했던가.

영종도에서 옆으로 조금 비껴가노라면 무의도(舞衣島)에 이른다.

춤추는(舞) 무희의 옷(衣)이 나부끼는 섬이라니 호사가들은 또 큰 섬 영종도가 개발되고 나면 작은 섬 무의도는 마시고 춤추는 환락지가 되리라 내다보는 모양이다. 머잖아 두 섬 사이는 다리로 연결될 텐데… 다리는 연결하는 외에 이어주고 맺어주는 매개역할도 하느니 이 뭍과 저 뭍, 이 뭍과 저 섬의 숱한 인연들이 다리를 오갈게다.

인도는 갠지스강을 이승과 저승을 오가는 길목쯤으로 생각했던 모양이다. 하여 이승의 연안은 차안(此岸)이요 저승의 연안은 피안(彼岸)이나 그런 다리도, 다리로 연결되는 뭍도, 섬도, 차안도, 피안도 모두 물에 떠받쳐져 존재하는 것이다. 물 앞에선 모두 하나로 연결될 수밖에 없는 것이요 하늘과 물이 맞닿는 가없는 수평선에선 하늘빛과 물빛은 하나가 된다.

어디가 하늘이고 어디가 물인지 분간할 수 없는 지경을 들여다보노라면 인간의 분별심이란 게 부질없는 것임도 깨닫게 되느니 물 앞에 모든 게 하나가 되는 것이라면 그 하나는 또 하늘이 되는 것이요, 하여, 빛 무리 중에 가장 상서로운 건 물빛이나 하늘빛이라 할 테지만 그걸 꼭 짚어 무슨 빛이라 말하기엔 언어의 기교가 턱없이 부족한 것이다.

코발트빛은 하늘빛과 같은 맑은 남빛, 또는 밝은 군청색이라고도 하고 코발트그린은 아연과 코발트와의 산화아연으로 되는 아름다운 녹색의 빛을 말한다고도 하며 코발트블루는 산화코발트와 산화알루미늄으로 되는 청색의 빛을 말한다고도 하지만 우리네는 쪽빛이라거나 남빛이라는 말들도 하고 그냥 하늘(sky)을 관형어로 붙여 스카

이블루라고도 하는 모양이다.

하늘과 맞닿은 물을 바라보노라면 '타이스의 명상곡'이 들려오느니 출렁이는 듯 잠잠하고 잠자는 듯 출렁이면서 하늘빛과 물빛을 넘나드는 음향이 그런 것이 아닐까 싶어서인데 몇 해 전 어느 동계올림픽에서 하늘과 물이 맞닿는 빙판의 갈라 쇼를 연기했던 김연아의 의상도 물빛을 닮았었지만 그네가 택한 음악도 '타이스의 명상곡'이었다.

고대 이집트를 배경으로 신의 사랑을 전하려는 수도승 아다나엘과 속세의 사랑에 휩싸인 무희 타이스(Thais)의 비극적 사랑을 주제에 실어 1막 2막 3막 끝에 각각 올린 음악이 그 명상곡인데 신의 사랑을 호소하는 아다나엘, 속세의 사랑에 번민하는 타이스. 결국 타이스는 신의 사랑에 의지해 죽음에 이르고 아다나엘은 뒤늦게 에로스의 사랑을 고백하게 되지만 명상곡은 여기서 격앙되게 된다.

하늘과 물은 하나이되 또 둘로 갈라질 수밖에 없는 물과 하늘, 이제 다시 명상곡을 들으며 물빛을 보노라니 물속으로 뛰어들어 이승을 마감하고 하늘로 오른 이들의 넋이 출렁인다. 천안함 희생자를 찾기 위해 차디찬 바닷물에 자신을 던져버린 한주호… 저 다리를 지나 백령도 가까이에 이르면 인당수도 있고 인당수 아래 용궁도 있을법하건만 전설은 다 사라지고 말아 이젠 우리가 연꽃으로 피워드려야 하는 것이던가….

물을 통해 하나로 연결되는 존재계는 종당엔 하늘로 연결되지만 다리로 연결되어 떠도는 무수한 인연들 속에 오열하던 유족들의 모습을 떠올려보노라.

(2013. 3)

팔월의 정점에서

매미가 운다. 긴 장마를 견뎌내고 팔월의 매미가 운다. 운다곤 하지만 사랑을 노래하는 몸짓일 뿐이다. 맴맴 우는 놈은 참매미요 지지지 우는 놈은 유지매미요 쓰름쓰름 우는 놈은 쓰름매미요 쓰르람쓰르람 우는 놈은 쓰르라미다.

저놈들은 세상에 태어나 저렇게 한두 주를 산다지만 저런 성충이 되기 위해선 예닐곱 해 동안 캄캄한 땅속 답답한 유충생활도 견뎌야 한다고 한다. 팔월의 뜨거운 태양 볕이 아스팔트를 녹여대지만 저놈들에겐 저놈들의 시간임을 알리는 신호일 뿐이다.

얼마 전 영국 옥스퍼드대에서 영어단어 중 제일 많이 쓰는 걸 조사하니 명사로는 'time'이요 동사로는 'be'요 형용사로는 'good'이라는 것이었다. 제일 많이 쓰는 부사가 무언지는 모르지만 very라 한다면 'Time is very good', 이렇게 하나의 영문이 구성된다. Time은 순간들의 모음인 시간이기도 하고 역사의 궤적인 시절(Age)이기도 하다. 시간이나 시절이 좋은 것이라면 그것은 어떤 모습일까?

물체는 눈으로 보고 소리는 귀로 듣지만 시간은 마음으로 느끼게 된다. 그러기에 긴 시간이 짧게 느껴질 땐 세월이 꿈같다 하고 짧은 시간이 길게 느껴질 땐 하루가 여삼추(如三秋)라 한다. 이같이 절대시간은 있을 것이되 그 길고 짧음의 느낌은 주관적이요 시절 역시 마찬가지다. 일촌광음불가경(一寸光陰不可輕)이라, 촌음(寸陰)도 가벼이 말라는 동양의 경구다. 치차(齒車) 원리의 시계가 나오기 전엔 해시계가 사용되었다. 태양 아래 막대기를 세워놓고 그림자(陰)가 돌아가는 모양을 눈금으로 나누어 시각을 정했던 모양인데, 그 그림자의 일 촌(寸)은 한 자(尺)의 십분의 일이니 촌음은 매우 짧은 시간이 된다. 하지만 그 그림자의 크기도 동심원의 어느 쯤에서 측정하느냐에 따라 달라지는 것이니 시간은 역시 주관적이라 할 수 있을 것 같다.

나라에서는 지금 전방의 격전지에서 무명용사들의 유골과 유품을 찾아내고 있다. 이름 없이 산화한 임들의 나라에 대한 희생정신과 공(功)을 기리기위해서일 것이다.

얼마 전의 보도내용을 보니 참호 속에서 뒤엉킨 유골들과 일부 유품들을 찾아내어 신분을 확인중이라 했다. 그중에서 특별히 나의 눈길을 끈 건 시침과 분침이 없어진 손목시계와 녹슬어버린 만년필이었다.

통신수단이 지금처럼 원활하지 못했던 격전지는 생명의 촌각을 다투던 곳이기도 했었으니 가슴에 품은 만년필로나마 전하고 싶었던 사연이 오죽 많았으랴. 이제 잉크는 모두 말라버린 지 오래고 시간은 멈춰선 채 세월의 녹이 더께지고 있으니 영묘한 이 있어 시침과 분침을 조립하고 시간을 다시 돌아가게 해 임들의 사연을 들어볼 재간은 없는 것인가.

시간은 좋은 것(Time is good), 그러나 무명용사들의 유골을 품어 안은 채 말없는 산하는 두 동강이 나 멈춰서버린 시계가 되고 말았고 여기저기선 과거로 돌아가려는 어처구니없는 갈등만 빚어지고 있느니 죽은 시계를 살려낼 자 누구던가….

팔월은 잃었던 주권을 되찾은 광복의 달이기도 하다. 하지만 주권 침탈자의 입장에선 패망의 달이기도 하다. 이렇게 시간은 역사의 밭을 일구어가는 이들에 의해 의미 지어질 뿐 좋은 것도 나쁜 것도 아니니 시간을 일구어 잘 가꾸어낸 자에게만 그 시간은, 또는 그 시절은 좋은 것일 뿐이다.

시작도 끝도 없이 무한에서 무한으로 흐르는 시간, 그 시간은 누구에게든 한정적으로만 주어진다. 그것을 잡아채어 묶어둘 수도 없고 기다려달라고 한들 기다려주지도 않느니 한 개인의 운명도 한 나라의 운명도 마찬가지다.

우리는 팔월의 광복과 더불어 불구의 역사가 시작되었다. 허리가 잘린 채 두 다리를 절룩거리며 한 갑자(甲子)를 더 돌리고도 아픈 상처를 치유하기는커녕 감정의 골은 남북에서 남남으로 번져 진통은 날로 더해가고 있으니 이를 어쩌랴.

매미가 운다. 말매미가 운다. 팔월의 참매미가 운다. 시간이, 또는 시절이 좋다함은 저놈들처럼 힘차게 울어대며 사랑을 노래함을 말하느니 시간이여! 시절이여! 나의 산하여! 팔월의 매미처럼 울어대고 싶구나. 안개 속 찌는 더위마저 답답한 팔월의 아침에 한바탕

소나기가 휩쓸고 간 뒤의 무지개를 떠올려보노니….

하나가 되어야 함은
일곱 빛 무지개를 보면 안다
갈라진 무지개는 무지개가 아님을

하나를 보려면
일곱 빛 무지개를 보라
한 발 백두산 천지에 내리고
또 한 발 한라산 백록담에 내리고

휘어 올라
환호하는 이에 눈빛 맞춘 채
휘황히 빛나는
대궁(大弓)의 무지개를

하나가 되려면
아! 하나가 되려면
프리즘의 굴절된 세월을 보내야만 하는가
빨 주 노 초 파 남 보

하나로 간다
생채기 뜯어내며 땀 흘리며
일곱 빛 무지개
하나로
하나로.

- 시 「무지개 하나」

(2006. 8)

해마다 유월이 오면

동작역에 내리다 보면
하얀 국화꽃 한 묶음 사는 사람을 본다
하얀 국화꽃을 닮았는지 하얀 소복을 입고 간다
그를 따라 걷노라면
왠지 콧등이 매워온다

육교를 내려서노라면
하얀 안개꽃 한 묶음 사는 사람을 본다
하얀 안개꽃을 닮았는지 하얀 머리를 이고 간다
그를 따라 걷노라면
왠지 눈시울이 뜨거워진다

길을 따라 걷노라면
구운 오징어 다리처럼 핏줄마저 말라붙은
소주 한 병 사는 사람을 본다
그를 따라 걷노라면
왠지 콧물이 난다

그러다가
그러다가 현충문에 들어서면
울컹 눈물이 난다

돌아서는 길엔
왠지
왠지 뒤통수가 가려워진다

해마다 유월이 오면
동족상잔(同族相殘)의 총성을 듣는다
해마다 유월이 오면
골육상쟁(骨肉相爭)의 포연을 본다

해마다 유월이 오면 먼 훗날일
이국시대의 역사를 본다

삼국시대도 있었더란다
한수 사이로 겨뤘더란다
모두 다 내 조국이더란다

이국시대가 있었더란다
임진강 사이로 서로 겨뤘더란다
모두 다 내 조국이더란다
하나는 북으로 맹위를 떨쳤더란다
하나는 남으로 용맹을 떨쳤더란다

지금이야 입을 다물 뿐
지금이야 비극을 들여다볼 뿐
유월이여!
언제까지 이렇게 부르랴 내 조국이여!

해마다 유월이 오면 시퍼런 피는
외면하고 싶다
해마다 유월이 오면 아, 해마다 유월이 오면
새빨간 산딸기를 따주던
어릴 적 내 누이를 떠올리고 싶을 뿐

유월이여 유월이여!
언제까지 이렇게 부르랴
조국이여, 내 조국이여!

– 시 「해마다 유월이 오면」

공직 시절, 유월이면 동작동 국립묘지를 찾아 추모식에 참여하곤 했다. 그럴 때면 성역(聖域)에 묻힌 영령들의 희생으로 이렇게 편안함을 생각하곤 했다. 우리는 주변의 희생이나 도움으로 건재한 것이다. 그걸 생각해보면 겸손해지지 않을 수 없다.

내 숙부는 상이군인이었다. 9남매 중 제일 똑똑했다는 다섯 째. 정전된 지 일 년이 지나도록 그는 전쟁터에서 돌아오지 않았다. 기다리다 지치셨는지 할아버지는 돌아가시고… 두 다리 전쟁터에서 잃고 삼우제를 지낸 바로 뒷날 돌아왔다. 빨간 봉분에 엎디어 통곡한들 부자의 대화는 영영 단절이었다. 부끄러운 모습으로 부모님 앞에 나타날 수 없기에 갈 데가 없다는 이유로 부산 어딘가의 정양원에 수용되어 있었다 했다. 그러나 고향소식은 간간 듣고 있었나 보다.

두 다리 없는 육신으로 어찌 살아간단 말인가…. 생활부조금을 모아 논을 얼마간 사들였으나 농사는 누가 지으며 운신은 어찌 할 것인가…. 내 아버지는 그런 숙부가 불쌍했던지 내 아우를 초등학교 졸업하자마자 숙부에게 보냈다. 그래서 내 아우는 지금도 최종학력이 초졸이다.

사지가 멀쩡하지 않아도 장가는 들어야 하겠지. 어느 섬 색시였다. 결혼 한 달쯤 전이었을 게다. 나보고 색시 댁에 한번 들러 오라 했다. 사지는 멀쩡한지 염탐꾼 노릇 하라는 게 아니었던가.

굴을 따기 위해 바닷가에 나갔다가 거적 같은 옷을 훌훌 벗어버리고 세수를 하고나니 새물이 났다. 찬찬이 살펴보니 손은 거칠망정 아리따운 색시였다. 저런 멀쩡한 색시가 어디로 시집을 간단 말인가…. 나는 거기서도, 집에 돌아와서도 아무 말도 하지 않았다.

혼례를 올리던 날 신랑신부가 예복을 입고 두 사람의 부축을 받아 서 있으니 참 멀쩡하기도 했다. 나는 기어코 얼굴을 돌리고 말았다. 그 몸에서 자식 셋을 낳았으니 어찌 다 부양하랴.

그들은 탈 농촌 바람을 타고 서울 구로동으로 올라와 작은 방 한 칸을 세 얻어 새살림을 꾸리게 되었다. 저것이 서울의 생활인가….

숙부님 댁에 사채모집꾼들이 모여들기 시작했다. 결국 제일 믿음이 간다는 사람을 하나 골라 그에게 사채 심부름을 시키기 시작했다. 누가 얼마를 빌려 달라 하면 통장과 도장을 내주고, 또 누가 얼마를 가져왔다고 하면 통장을 내주어 입금하도록 했다. 이렇게 연명하며 살기 여러 해, 큰아들이 대학에 입학하던 날 그 심부름꾼은 통장과 도장을 들고 도망쳤다. 그때까지 불어난 돈을 한꺼번에 가져가버렸으니 어디 가서 이를 찾는단 말인가…. 결국 화병이었던지 시름시름 하시다가 눈을 감으셨으니 숙부님의 복은 거기까지인 셈이었다.

내 어머님이 돌아가시던 날 나는 시골의 논밭과 가재도구를 모두 아우에게 주고 말았다. 아우에 대한 나의 죄책감 때문이었다. 내 아내는 그런 나를 곱게 봐줄 리 없으니 내 사연을 알 리 없기 때문이다. 내 아내는 이북에 근원을 두고 있어 역시 이산의 아픔이 있지만 그런 사연을 내가 알 리 없다. 나의 경우야 조그만 이야기일 뿐인데 남북 분단의 슬픔은 어디까지 번져나갈 것인가….

(2006. 6. 25)

6.

강역을 넘어

라사의 하늘

구름 헤집는 잿빛이라도
터져 나올 미소라면 좋겠네
구름 사이 언뜻 스치는 파아란 허공
드러낼 가슴이라면 좋겠네

검은 그림자 밀어내려는 무거운 몸짓
그저 바라볼 수만은 없나니
차라리 눈감고 팔 걷어
파아랗게 휘젓고 싶네.

서울의 밤은 실컷 마시고 토악질해댄 뿌연 입김이 퇴적되어 달은 저만치나 감추어져 있다. 그러나 조금씩 터져 나오는 잿빛이라도 애써 우리네 미소이기를 빈다. 마침 먹장구름 한 점이 백조를 시늉하며 동녘 하늘로 향하더니 살그머니 옆으로 비켜서서 잠시 파아란 허공을 내비친다. 이것 또한 시원하게 드러낼 가슴이기를 빈다.

구름이 걷히면 환한 하늘 가운데의 달빛이 온 누리에 퍼지리니,

그 구름이란 우리네 두 팔로 걷어내야 할 업장(業障)이 아니겠는가. 암실(暗室)을 빠져나가듯 티베트의 수도 라사(Lhasa)를 찾는다.

티베트의 공가 공항에 내려 바라보는 하늘은 차라리 거대한 수정체다. 여남은 번이나 물들여 낸 쪽빛 바다다. 구름은 또 그렇게 울안의 어린양처럼 하얗게 뭉게 거린다. 눈이 시리다. 가슴도 시리다. 아! 하는 탄성과 함께 하늘을 올려다보던 어느 글벗은 균형을 잃고 비틀거린다. 시리다 못해 정신마저 혼미해진 것일까. 그도 그럴 것이 티베트의 하늘은 습기며 먼지며 심지어는 색 바랜 산소까지도 칙칙함은 다 털어 내놓고 맑은 햇살로만 충만하니 오장육부(五臟六腑) 속속들이 포만감을 느끼고야 허전함을 달래는 터에는 빈 하늘을 마시고야 정신이 혼미해질 수밖에 없으리라.

무릎을 툭툭 털고 옷을 여미며 몸을 곧추세워보지만 어지럼은 여전하다. 서울의 하늘에 익숙한 사람들은 환영받지 못할 땅이란 말인가. 머리를 변기에 처박고 토악질을 해대며 어머니를 여남은 번이나 외친 후에야 아발로키테스바라(티베트 수호신)는 나그네의 입성(入城)을 허락한다.

공가 공항에서 라사로 가는 길은 설산(雪山)이 흘려 내리는 이천육백 킬로미터의 물길을 따라 늘어서 있다. 그 얄룽창포 물길을 따라 가다 건너다 하면서 라사는 점점 다가오는 것이다. 멀리 보이는 산등이나 눈앞 절벽은 세월이 일구어낸 금강석인 양 버티고 서서 번지르르한 이방인에겐 눈빛도 주지 않는다. 가까운 길가에 핀 가시 보라색 꽃만이 담담한 표정으로 나그네를 맞을 뿐이다.

민가가 가까워지면서 길모퉁이에, 강바닥에 탈쵸(thalchog)가 꽂혀 있고 거기엔 룽다(lungda)가 매달려 바람에 나부낀다. 민가의 출입문이며 울타리 여기저기에도 예외 없이 꽂혀있고 매달려 나부낀다. 이방인의 방문을 경계하는 것인가 환영하는 것인가. 안내자의 설명을 듣고야 하나는 부정한 것을 경계하는 손사래임을, 다른 하나는 오색 깃발에 찍힌 경문(經文)의 내용이 바람을 타고 날아가 모두 부처가 되기를 바라는 손짓임을 알겠으니 나그네야 옷소매 여미며 경계와 축복의 양면적 제의(祭儀)를 조심스럽게 받아들일 마음가짐 할 뿐이다.

그러나 이런 사치스런 생각도 잠시뿐, 손발이 저려온다. 숨이 조금씩 가빠오더니 이윽고 머리까지 지끈거린다. 아랫배로 체중의 중심을 낮추고 땅을 굽어보며 천천히 조심스런 발길을 옮길 수밖에 없다. 말에서 내려 걸어 들어오라는 우리네 옛 경계석이 그것 아닌가.

룽다의 색채 구성은 오색이다. 오색의 배열은 밑으로부터 노랑, 초록, 빨강, 하양, 파랑이다. 노랑은 땅을 뜻하며 초록은 물을 뜻한다 한다. 빨강은 불을 뜻하며 하양은 구름을, 파랑은 하늘을 뜻한다고 한다. 그 배열에 예외가 없다. 천지와 조화를 이루려는 범아일여(梵我一如)의 푯대다.

차창 밖으로는 드문드문 오체투지(五體投地)의 수행자가 눈에 들어온다. 공항에서 여기까지 오는데 한 시간이나 걸렸고, 라사 까지는 여기서도 한 시간 반이나 더 가야 한다는데 그들은 그렇게 라사로 가는 것인가, 다녀오는 길인가. 무슨 죄를 그렇게 많이 지었기에 저토록 자신을 학대한단 말인가. 뱃가죽이 땅에 미끌리며 '스윽 슥' 하는 소리마저 들린다. 육신에 붙은 피하지방층을 모두 떨어내려나 보다.

라사다. 라사의 거리는 온통 구도자의 물결이다. 저마다 마니차(manicha)를 돌리며 제 갈 길로 간다. 한번 돌릴 때마다 속에 든 경전(經典)의 내용을 한번 낭송한 게 된다니 그들은 아예 부처의 법식(法式)과 도리(道理)로 숨 쉬며 살아가는 것인가. 라사는 성(聖)과 속(俗)의 아우라지다. 곳곳이 경배(敬拜)의 대상으로 꽉 들어차 있고 이를 찾는 인파가 거기에 합류하고 있는 것이다. 포탈라궁이 그렇고 조캉사원이 그러하며 노불링카가 그렇다. 그중에서도 포탈라궁은 티베트의 수호신인 아발로키테스바라를 비롯하여 만 개의 불상과 천 개의 불탑, 만 개의 불 성화(thankas)는 물론, 아발로키테스바라의 화신이라는 5대, 7대~13대의 달라이 라마 상이나 무덤이 그곳에 모여 있고, 이에 눈맞춤 하려는 미로 행렬이 그칠 줄 모르니 가히 성과 속의 아우라지라 하겠다.

티벳은 고향이 바다이되 바다와는 멀다. 팔천만 년 전 테티스(tethys)바다에서 나서 멀리로는 팔천 미터 하늘로 솟았다니 바다와는 거리가 가장 멀다. 고향과 가장 멀리 떨어져있어 티베트는 외롭다. 그러기에 어디에 기댈 것도 없이 하늘과의 순응을 기원하며 산다. 티베트는 하늘과 가장 가까이에 있기에 거대한 솟대라 하겠다. 그러기에 하늘로부터 멀리 떨어져있는 이방인에겐 그 접근이 머뭇거려지나 보다. 티베트는 5대 원색인 노랑, 초록, 빨강, 하양, 파랑을 꿈꾸며 살아간다. 그것은 풍요나 평화를 떠나 천지의 원소를 상징한다. 그러기에 티베트는, 티베탄은, 원시(原始)의 선반 위에 얹혀 시원(始原)을 꿈꾸는 원광석이라 하겠다. 그들은 오늘도 빈 하늘을 마시며 산다. 옴 마니 팟메 훔(om mani padme hum)을 뇌며 오직 하늘의 원리에 합일하는 꿈만을 꾸며 살아가는 것이다.

구름에 쏟아지는 말가한 햇살
그대의 미소려니
구름 사이 드러낸 파아란 허공
그대의 가슴이려니
하얀 꿈을 말며 펴는 천진스런 몸짓
그저 바라볼 수만은 없나니
차라리 뛰어들어
파아랗게 감싸이고 싶네.

(문학시대 2002년 여름호)

스파 시버

'매음 매음… 씨이이… 십팔 십팔…' 임영조의 시 「매미소리」의 일부분이다. 시인은 우리나라 서정시의 대표적 인물 중 한 사람으로 광복되던 해 태어나 열한 해 전에 타계했다.(1945~2003) 어려운 때 어렵게 살다 간 시인은 주옥같은 시어를 지어냈지만 때로는 자조적 노래로 우리의 가슴을 아프게 한다.

매미의 계절이요 광복절이 들어있기도 한 팔월을 보내면서 마지막 주엔 러시아의 연해주 일원을 둘러보리라 집을 나섰다. 그건 중국의 동북공정에 대응해 마음이 북방을 향했기 때문이기도 했다. 블라디보스토크 공항에 내려 제일 먼저 얻어 들은 러시아어는 스파시버(감사하다)였으니, 이곳에 와 무엇을 보고 들어 '감사하다'는 말을 해야 할까 생각해보기 시작했다.

연해주는 시호테 알린 산맥이 남북으로 길게 뻗어있다. 우수리 강과 아무르 강이 산맥의 숲 사이를 훑어 내려 오호츠크 해로 흐르는 광활한 지역일 뿐 아니라 장장 9,288킬로미터의 시베리아횡단 철도의 시발역이요, 종점지역이기도 하다. 인천공항에서 두 시간 반

가량 날아 하늘에서 내려다본 블라디보스토크 주변은 그야말로 빽빽한 수림지대였다. 물론 그 수림지대는 태평양을 향한 오호츠크 해에 연해 있기 때문에 우리 선조들은 이곳 일원을 연해주라 했던 모양이다.

러시아의 입국 비자를 받고 들어갔으니 옛 고구려 강역이요, 이어서는 발해의 강역이었음을 생각하면 옛 선조들의 고향에 입장료를 내고 찾은 셈인데, 조선조엔 잃어버린 땅을 찾기 위해 북벌정책도 꾀해봤지만 힘없이 끝나버리고 말기도 했다. 고종은 1897년 원구단에서 대한제국을 세우고 황제로 즉위하게 된다. 그로부터 이태 뒤인 1899년 청국과 대등한 관계에서 한·청 통상조약을 체결하고 이곳(해삼위)에 통상사무소를 설치하여 북방 경영을 시도하게 된다. 하지만 열강들의 세력 다툼에 이곳이 구소련 영역으로 편입되자 8월 광복 후 남북으로 갈려 자유민주국가를 건설한 우리로선 왕래조차 안 되었으니, 러시아의 개혁 개방에 따라 다시 발을 들일 수 있게 된 것을 감사하다고 생각해야 할지 난감하기만 했다.

이곳저곳 찾아 나선 거리는 깨끗하고 잘 정돈된 느낌이었다. 하지만 길이 끝나는 곳의 광장엔 여지없이 혁명을 상징하는 동상들이 세워져 자유스럽게 흔들어대던 어깨를 움츠러들게만 했다. 유럽풍의 건물 안이나 유원지에서 마주친 건 슬라브 족들 뿐이었으며 궁금했던 고려인의 모습을 짐작케 하는 사람들은 재래시장에서나 만날 수 있었으니, 반가운 건 그뿐이었다. 다시 거리에 나와 발길을 옮기노라니 옛 볼셰비키 혁명에 가담하다 스러져간 고려인의 이름을 딴

거리와 마주치거나 항일투쟁에 나섰다가 희생된 한인들의 행적이나 볼 수 있었다. 남의 나라 땅에 발을 딛고 육신뿐만 아니라 영혼까지 다 받쳤음에도 별다른 대접을 받지 못하고 있는 상황을 보니 고려인들이나 한인들이 러시아의 안위를 위해 희생되어간 꼴인 것 같기만 해 참으로 안타까웠다.

옛 이름으로 해삼위라 불리던 이곳 블라디보스토크의 한 언덕 위엔 나라를 잃은 1910년 이후 한인들이 모여들어 신한촌을 만들었다 한다. 헤이그 특사 중 한 분인 이상설과 연해주 일대의 항일독립군 재정후원자 최재형, 상해임시정부 총리 이동휘 등 항일투사들의 집결지요, 블라디보스토크 지역 삼일운동 시발점이기도 했던 이곳 신한촌이 이젠 모두 러시아인들의 아파트 단지로 변해버렸다. 이젠 그 틈새에 겨우 아무 비문도 없는 묵언의 세 개 비석만이 그 자리를 일러주는 듯 서 있을 뿐이니, 이래저래 러시아의 안위를 위해 희생된 흔적들만 두루 보았을 뿐이었다.

블라디보스토크에서 시베리아횡단열차를 타고 하바롭스크로 가는 길엔 밤이기도 했지만 보이는 게 캄캄한 수림뿐이었다. 달리는 11시간 내내 답답할 뿐이었지만 그동안 보고 들은 게 모두 그런 상황이었다. 여명이 가까워오자 뽀얀 안개 속에 자작나무 하얀 둥치가 한없이 스쳐지나가자 나무의 수액(자일리톨)은 저들이 다 빨아먹고 그 밑동에 기생하여 차가(借家)의 버섯 신세로 연명하는 고려인들의 운명이 서러워 내 자신도 모르게 "습팔 시벌…."을 창 밖에 내뱉을 뿐이었던 것이다.

그러나 보라. 견디며 누리는 자 주인이 되느니, 쌀쌀맞고 척박한 환경일망정 견디며 누리면 참다운 주인이 될 날이 오지 않겠는가. 가버린 영광이여, 다시 찾을 영광이여! 머잖아 응답이 오려니 인간사 말고야 오직 중립일 뿐인 광활한 연해주대륙에나 감사해야겠다. 스파 시버….

(2014. 9)

신화의 길목 갠지스

인도를 찾아 나서기로 한 건 무굴제국의 타지마할을 보려함이 아니었다. 그것은 제왕 사자 한이 죽은 왕비를 추모하기 위해 폭정을 휘둘러 세운 것이기 때문이다. 거기엔 투명한 대리석에 정교한 양각, 음각과 상감의 기교는 번들거릴망정 인도인들의 보편적 염원이나 정신세계가 어려 있지 않기 때문이다. 신비의 나라 인도를 찾아 나서기로 한 건 찬델라 왕국의 에로틱 조각상을 보려함도 아니었다. 그것은 인도에서 가장 성(sexual)스러운 것이라고는 하나 그들 정신의 성(聖)스러운 것과는 멀기 때문이다. 많은 사람들은 인도를 인간의 원형이 살아 숨 쉬는 곳, 신을 향하는 정신세계의 본향쯤으로 생각한다. 그러기에 인도대륙을 찾아 가장 성스럽다는 곳을 찾아보고 싶었던 것이다.

힌두교인들이 성지로 여기는 바라나시와 그곳을 관통하는 갠지스강을 찾아가는 인천 국제공항 발(發) 비행기는 여덟 시간을 날아서 델리 공항을 스치고도 다섯 시간을 더 날아서야 사르나트 공항에 내려앉았다. 오래된 대리석 때깔의 누런 옷을 걸친 사람들이 기웃거리며 저마다 예정된 손님을 맞기에 어수선했지만 하늘은 아무런 표정 없이 우윳빛일 뿐이었다. 저 희끄무레한 회색 뒤편에 인도의 신비가 숨겨있는 것인가? 알다가도 모른다는 인도의 땅에 드디어 첫발을 디딘 감회가 어려 왔다.

새벽 다섯 시, 바라나시의 숙소에서 갠지스 강을 찾아가는 길은 가히 엑소더스(exodus)였다. 버스와 승용차, 자전거 행렬 외에 인파가 뒤섞여 거대한 홍수를 이뤘다. 뿌연 매연이 어둠을 뒤덮고 금속성 경적소리가 귀를 때렸다. 순례자들이 미친 듯 도시를 탈출해 성스러운 강으로 강으로 그렇게 모여드는 것이었다. 결국 차를 저만큼 놔두고 걸어서 가보기로 했다. 여명이 밝아오면서 여기저기 성물(聖物) 쇠똥들이 눈에 띄었고 상가 건물의 셔터 앞이나 좌판대 위에는 담요를 뒤덮고 잠에서 깨어나지 않은 노숙자들이 이리저리 누워있었다. 그들은 성스러운 갠지스 강 가장 가까이에서 밤을 지새우고, 종당에는 생(生)까지 마감하는 것을 최대의 영광으로 생각한다고 했다.

먼동도 트기 전, 강은 이미 찾아든 순례자와 여행객들로 북적댔다. 강물과 일출(日出)을 바라볼 수 있는 곳을 찾기 위해 서성대거나 스스럼없이 옷을 벗고 몸을 적시기 위해 강물에 다가가는 사람들, 나뭇잎에 촛불을 얹어 강물에 띄우며 소원을 비는 사람들, 연신 카메라의 플래시를 터뜨리는 여행자들과 이들에게 토산품을 팔아보려 달려드는 현지 상인들이 서로 뒤엉켜 몸을 부딪었다. 비슈누 신의 화신이라는 소와 개들도 신의 은총으로 인간의 속박에서 벗어나 자유를 구가하는 듯 인간들 사이를 어슬렁대며 북새통에 가세했다.

강변 가까이에 아무렇게나 마련된 화장터에는 밤새 타다 남은 시체가 하얀 연기에 휘감겨 마지막 재로 사위어갔고, 강물 저 멀리 아승기, 나유타를 지나 불가사의로 들어서는 항하사(恒河沙)의 모래언덕이 이승을 건너다보는 듯 어슴푸레했다.

드디어 일출이다. 이전에도 항하사의 모래 수만큼이나 되풀이하여 태양은 이렇게 떠올랐으리라. 인간의 영혼들도 그렇게 수없이 하얀 재에 실려 강물을 따라 가거나 항하사의 모래언덕에 가 닿았으리라. 강을 뒤로하고 돌아 나오는 골목길은 온통 신성으로 그득했다. 두 사람이 겨우 어깨를 비킬 좁은 길에 순례자들과 여행자들뿐 아니라 소나 개들이 가며오며 몸을 부딪고, 갈림길마다 요가(yoga)를 유인하는 간판이 눈에 띄었다. 담벼락의 여기저기엔 시바와 코끼리의 신상이 조각되어 있고 동고리에 노랑 인도 국화꽃을 담아든 아녀자들은 신에게 헌화할 손님들을 불렀다. 물러서라는 듯한 선소리꾼의 외침에 눈을 돌려보니 들것에 시체를 얹은 일행이 강가로 내달았다. 곧 노천 화장터에서 강물로 씻기고 나서 하얀 연기를 내뿜으며 한줌의 재로 변한 후 갠지스 강에 뿌려질 터였다.

일몰(日沒)에 가까운 갠지스 강은 또 다른 모습이었다. 확성기에서 힌두 음악이 흘러나오는 동안 강변을 따라 여러 개의 제단이 마련되고, 그 앞으로 참례자들이 차곡차곡 자리를 메운 뒤 제주들이 등장하자 하얀 분향 연기 속에 강물의 유구한 흐름을 기원하는 제의가 시작되었다. 인도의 인구 중 8할을 차지한다는 힌두교인들은 8억 4천의 신을 모시고 살아간다고 했다. 그중 대표적인 신이 창조신 브라흐마와 관리신 비슈누요, 재창조를 위한 파괴의 신 시바이다.

강은 설산(雪山) 히말라야에서 발원하여 장장 이천오백 킬로미터의 갠지스 강변을 적시며 대양에 이른다. 히말라야는 그들에게 시바신이 거처하는 영산(靈山)이요 하늘에서 제일 먼저 비가 내리는 성스러운 곳이기도 하다. 시바는 결국 성스러운 히말라야에서 성수를 내려 강에 흐르게 하고 만물을 생성 소멸시키면서 생명의 윤회를 주재하는 것이리라.

갠지스 강은 저들에게 무슨 의미가 있는 것일까? 물결이 현상이라면 물은 근원이다. 물은 근원이며 본질이기에 생겼다 없어진다거나 깊고 얕음이 없으며 아름답다거나 추하다는 개념도 없다. 이와 달리 물결은 현상이며 실재이기에 시작이라거나 끝이 있고 높고 낮음이 있으며 잔잔하다거나 노도(怒濤) 같다는 감정이 있다. 물결은 물결임과 동시에 곧 물이기도 하다. 그러기에 현상은 바로 근원을 내포하는 것이며 근원은 현상을 있게 하는 바탕이기도 하다. 바로 이때 물결이라거나 현상 또는 실재를 응시하기보다 물이라거나 근원 또는 본질을 응시한다면 시작도 끝도 없는 무한에 다다르며 즐거움과 괴로움을 초월한 소위 열반이라거나 천국을 느낄 수도 있지 않을까… 생각이 이에 이른다면 기쁨과 슬픔에 쉬이 흔들릴 일이 아니요 삶과 죽음에 깊이 집착할 일도 아니리라.

저들에게 갠지스 강은 무슨 의미가 있는 것일까? 오늘의 강물은 어제 같이 흐르다가 하늘로 올라 히말라야에 내리고 다시 그 물은 정화되어 내일 또 이 강에 흐르려니, 지금도 그들은 육신과 유골을 갠지스 강에 적시고 띄워 삶과 죽음을 시바신의 파괴와 재창조의 권능에 맡기고 하늘과 산과 강을 거쳐 순환 변전하는 물의 현상에 따라 더 나은 환생을 꿈꾸리라. 그러면서도 그 근원에 머물러 유구히 흐르는 강물처럼 영겁을 살고자 기원하는 것은 아닐는지. 순간의 현상이 아닌 근원에 머물려는 사람들, 그들에게 갠지스 강은 바로 신화의 길목일 터였다.

흐르네
흐르네
흘러서 가네

세월 물 되어
물 세월 되어

돌아가네
돌아가네
돌아서 가네

항하사 모래 톱
해탈된 육신 척척 개켜두고
돌아 돌아 가네

아승기의 별들 고이 내리면
사바의 인연
가만가만 가라앉히며

흐르네
흐르네
흘러서 가네

육탈된 영혼 물위에 싣고
살랑살랑 어르며
흘러 흘러 가네

흐르네
흐르네
흘러 가네

이승 저승
이승 저승
흘러서 가네.

– 시 「갠지스강 소묘(素描)」

알로하 오에

누구나 한두 가지씩은 무언가 이루고 싶은 것을 품고 살아가게 마련이다. 그건 소망이라거나 꿈이라거나 바람이라고 하는 것들이겠지만, 하나로 뭉뚱그려본다면 희망이란 상자에 담아두고 싶은 것이기도 하다. 소망은 새근거리는 아가의 숨소리에도 숨어있고 꿈은 씩씩한 소년의 기상에도 깃들어있으나 바람은 넉넉한 어머니의 하얀 치마폭에 더 많이 감싸여 있지 않나 싶다.

어린 시절 시나브로 어머니의 주변을 맴돌며 뒤적거려보고 싶었던 게 어머니의 치마폭이었다. 어머니의 바람이 나의 바람이기도 하고 나의 바람이 곧 어머니의 바람인 줄로만 알았으며, 그것은 또 어머니의 하얀 치마폭에 소복이 담겨 있다가 저절로 충족되는 것인 줄로만 알았다. 이젠 누구의 도움도 없이 나 홀로 바람을 찾아 나설 수밖에 없지만 가끔은 어머니를 연상하는 포근한 곳을 찾아들고 싶을 때가 있다.

어머니는 태생의 근원이요 돌아가는 귀결점이기도 하다. 그러기에 갑자기 희열에 빠지거나 위급한 상황에 처하면 어머니를 부르고 떠올리게 된다. 어머니는 안식과 평화의 상징이요 낙원으로 드는 길목이기에 안온하고 편안하면 어머니의 품 속 같다 한다. '양지 밭 과수원에 꿀벌이 잉잉거릴 때 나와 함께 그 새빨간 능금을 또옥 똑 따지 않겠느냐'는 신석정 시인의 '그 먼 나라' 같은 곳을 그런 품속으로 동경하기도 한다.

언제부턴지 소망이라거나 꿈이라고 하는 것들보다 작은 바람을 하나씩 이뤄보리란 생각으로 살아가게 됐다. 그중의 하나가 오래전부터 동경해오던 하와이 여행인데, 비행거리가 그리 멀지도 않으면서 어머니의 품 속 같이 편안히 머물다 올 수 있는 곳 중의 하나란 생각에 미뤄두었다가 비행기 트랩에 올랐다.

하와이는 북태평양의 동쪽에 130여 개의 섬으로 구성된 군도지만 사람이 살고 있는 곳은 8개의 섬뿐이다. 여름과 겨울의 기온차가 섭씨 4도밖에 안되고 연안 지역은 하루 평균 기온이 최고 28도에서 최저 20도 사이로, 연중 내내 온화한 기후와 아름다운 자연경관을 자랑하는 지상 최고의 낙원으로 꼽히기도 한다.

하와이(Hawaii)는 하와이어로 '작은 고향'을, 폴리네시아어로는 '신이 있는 장소'를 뜻하는 말이라니 원주민들도 낙원으로 생각했던 모양이다. 8개의 섬 중에서 오아후 섬과 마우이 섬을 둘러보았을 뿐이지만 바다에 연한 곳은 모두 해수욕장이나 요트장이요, 그 뒤로는 호텔이나 리조트들이요, 또 그 뒤로는 옹색함이란 한구석도 없는 잔디밭이나 사탕수수 파인애플 농원이요, 또 그 뒤로는 나이테도 없는 사철 푸른 숲들이 시원한 태평양 바람에 한들거리며 몰려드는 관광객들을 맞고 있었다. 그런 중에 하와이 인구의 80%가 몰려 와이키키 해변에 출몰하는 오아후가 풍요의 섬이었다면 마우이는 세계 최대의 휴화산 할레아칼라(해발 3055미터)의 중턱을 구름이 휘감아 도는 정적과 여유의 섬이었다고나 할까보다.

하지만 이곳엔들 애환이 왜 없겠는가. 최초의 주민은 1300년 전에서 1500년 전 사이에 마르퀴세스 제도에서 이주해온 폴리네시아인이라 한다. 그로부터 천년이 넘도록 이들에겐 낙원이었을 것이다. 1778년 영국의 탐험가 제임스 쿡 선장이 이 군도를 최초로 발견한데 이어 1820년대에 들어서 기독교 선교사들과 함께 이주민들이 들어서면서부터 원주민과 이주민들 사이에 갈등이 빚어지기 시작했다 한다.

1790년 카메하메하대왕에 의해 하와이왕국으로 통일되기까지 숱한 피를 흘렸던지 이아오 밸리(Iao valley)엔 피의 계곡 이야기가 전해지기도 한다. 마침내는 왕조를 이어가기 어려웠던지 마지막 여왕 릴리오칼라니 때 미국에 합병(1898년)되었다니 그가 만들었다는 '알로하 오에(aloha oe)' 노래가 하와이의 낭만을 전해주기보다 낙원을 잃은 슬픈 어머니의 기원으로 다가왔다. 애환이야 원주민들의 이야기만은 아니다. 총인구 40%를 넘어섰다는 아시아계의 주민들이 이곳에 발붙이기 위해 얼마나 많은 피와 땀을 흘려왔을까….

우리나라의 경우도 1903년 최초로 일제치하의 어려운 처지에 있던 백여 명의 무리가 안주할 곳을 찾아 이곳에 이주해온 뒤 사탕수수와 파인애플의 가시에 피 흘리며 가정조차 이루지 못한 채 역경을 견디기 어언 백년여가 넘었다. 이젠 그 2세와 3세들을 주축으로 한 우리 교포의 수가 4만 명을 넘어 외롭지 않다지만 오아후 섬 한복판에 고 이승만 박사가 1세대 교포들의 어려운 헌금을 모아 세웠다는 교회가 외롭고, 뒤뜰에 서 있는 우남의 동상은 독립운동 하던 때의 흠모의 그림자도 없이 쓸쓸하기만 했다.

니미츠(Nimitz) 거리를 지나 진주만에 이르니 대동아공영권의 헛된 꿈을 꾸며 부나비 횃불에 머리를 처박듯 자멸한 일본 제국주의의 잔해가 고스란했고, 세계 최대의 아웃도어 쇼핑센터라는 '알라모아나'에는 시쳇말로 세계적 명품이라거나 캐주얼이라는 브랜드의 가게들은 즐비했건만 상품의 레이블을 쳐들어보는 것마다 'made in china'이니 원주민도 이주민도 새로 눈을 부릅뜨는 이들이 입혀주는 유니폼을 입을 수밖에 없을 것 같았다.

작은 바람을 따라 이렇게 몇 군데를 둘러보니 낙원이란 게 일엽편주로 망망대해에 떠있어 뭇사람들이 입질해대는 무주공당(無主空堂) 같기도 하고, 이곳이 진정 영원한 낙원이 될까 하는 생각도 해보게 되었다.

낙원은 안락하게 살 수 있는 즐거운 곳을 말하지만 동양과 서양에서의 개념이 조금씩은 다르다. 동양의 무릉도원은 아름다운 자연 속의 평화로움에서, 서양의 파라다이스는 근심걱정 없는 성당이나 공회당의 앞뜰과 에덴동산에서 그 모습을 찾았다. 세상을 초월한 곳으로서의 극락이나 천국을 동서양 모두 낙원의 한 모습으로 생각하기도 하지만 세속의 삶에 한정한다면 사람다운 대접을 받아가면서 빈곤하지 않은 가운데 좋은 환경 속에서 살 수 있는 곳이라면 그곳이 낙원이 아닐까 싶기도 하다.

요즘 삶의 개선을 위해 강조되고 있는 인권과 빈곤과 환경문제는 그래서 낙원으로 가는 열쇠가 될 터요, 그 길은 무임승차권이 없는 한없는 가시밭길이다. 인류는 이 길로 가기 위해 이상국가론(플라톤)이나 유토피아론(Utopia, 토머스 모아)을 펴기도 하고 뉴 아틀란티스(New Atlantis, 프랜시스 베이컨)를 꿈꿔보기도 했지만 낙원이란 종교적 영역 말고는 한없이 다가가는 노력의 칼날 위에 신기루처럼 올라앉아있을 뿐이요, 바라볼 뿐인 자와 누리는 자의 양분을 통합하는 길은 더욱 멀고도 험할 뿐이다.

남들이 하는 대로 번화가 한복판에서 수영복 차림으로 거닐어보기도 했지만 누구도 이상하게 바라보거나 시선이 마주치는 이는 없었다. 우리 상식으론 허용되지 않는 것이겠지만 사회의 공동구간에 나의 밀실이 허용되는 셈이었다.

소중한 것은 이미 이뤄낸 것이든 바람 속에 있는 것이든 가슴에 품거나 손에 쥐고 살아가게 마련이다. 그중 손은 더듬고 만지고 만들어 가지며, 마침내는 던져버리는 일까지 하게 된다. 그것은 찾음과 창조와 누림을 뜻하며 마침내는 희생이나 포기를 뜻하기도 한다. 소망이든 꿈이든 포근한 품을 찾아보리란 바람은 우선 접어두더라도 이제 지녔던 조그만 바람 하나를 까먹었으니 꼭 쥐었던 손을 조금은 느슨하게 풀어놓고, '알로하'는 만남의 반가움과 헤어짐의 아쉬움이 함께 들어있는 말이라니 릴리오칼라니의 노래를 그런 마음으로나 들어야겠다.

앙코르여 세월이여

밀림 속에 숨겨진 신비의 앙코르 와트를 찾아가는 길은 서울에서 불과 여섯 시간인 것을, 그리 4백여 년 간 역사를 등지고 은둔했다니 참 기이하다. 인천 국제공항을 이륙해 베트남의 하노이공항으로 날아간 4시간과 이로부터 캄보디아의 씨엠 립 공항까지 한 시간 반 가량, 복잡한 통관절차를 더하더라도 여섯 시간 만에 열대의 밀림지대 가까이에 이를 수 있었다. 버스에 실려 거침없이 내닫는 길이었지만 마음은 처녀림을 헤치며 숨겨진 보석을 찾아 살금살금 기어드는 기분이었다고나 할까보다.

영국 사학자 아놀드 토인비는 앙코르 와트(Angkor wat)를 둘러본 후 "이렇게 불가사의(不可思議)하고 경이로운 곳에서 남은 여생을 마치고 싶다."고 했다. 흔히 세계 7대 불가사의를 4대 고대문명의 발상지에서 찾기도 하지만 캄보디아의 앙코르 와트를 꼽기도 하니 그럴 만도 하다.

앙코르 와트는 캄보디아의 씨엠 립(Siem reap) 주변 310㎢의 평원에 천 개 이상의 석조물로 구성된 대단위 문화유적이다. 단일 유적지로는 사원의 숫자나 규모로 보아 세계 최대를 자랑한다. 건축물의 구조와 균형 면에서도 세계 제1이다. 이러한 인류의 문화유산은 인도차이나 반도의 중심부에 근거를 두고 서기 802년경부터 1431년까지 존속하였던 앙코르제국에 의해 생성되었다 한다.

제국의 멸망 후 밀림 속에 400여 년 간 묻혀 있다가 1853년 프랑스의 탐험가 앙리 모아에 의해 발견된 후 1993년 세계에서 가장 훌륭한 예술품으로 인정되기에 이르고 세계 유물 보존명단에 오르게 되었으며, 최근 캄보디아 내전의 종식과 정치적 안정으로 일반 관광객들에게도 각광받는 유적지로 햇빛을 보게 된 것이다.

독일 철학자 쉘러(Schler)는 현세 인류를 이성적으로 세계를 형성하고 이상을 실현해 나가는 호모 사피엔스(Homo sapiens)라 했다. 그 기원을 네안데르탈인과 크로마뇽인으로 분류하기도 하지만 호모 사피엔스의 이성적 사유(思惟)의 힘에 의해 사회 문물이 점진적으로 개량 발전되고 이에 따라 인간의 생활이 편리해지고 풍요로워져 왔다 하겠다.

이와 달리 네덜란드의 역사학자 호이징어는 호모 사피엔스에서 강조하는 사유(思惟)만큼 놀이 역시 인간의 본질적 속성이라는 호모 루덴스(Homo ludens)의 개념을 말하고 있다. 일상생활이 정지되는 절대적인 즐거움을 축제의 특징으로 꼽기도 했는데, 축제는 시발부터 신성성을 띠었다. 그런고로 절대자에 기대어 나쁜 일을 물리치게 하고 복을 비는 의식으로서의 축제는 인류 공통의 문화코드이기도 하다.

인류는 인류사를 통해 강신(降神) 영신(迎神) 접신(接神), 그리고 송신(送神)으로 이어지는 의식절차에서 노래와 춤이라는 제의(祭儀)의 형식으로 발전해왔고 성소와 그 상징물들을 만들어 숭배의 대상으로 삼아왔다. 그래서 축제나 종교의식을 문화, 예술의 시발점으로, 종합예술이나 문명의 원형으로 바라보게도 된다.

앙코르의 유적은 어떤 동기에서 생성되었던 것일까? 호모 사피엔스의 속성에 근거를 두고 생성된 것이라면 그것이 크메르인들의 생활을 편리하게 하고 발전시킨 토대가 되었어야 옳다. 허나 9세기경부터 14세기 중반까지 융성하였던 앙코르제국에 의해 생성되었다가 밀림 속에 묻힌 채 역사와 단절된 것을 보거나 그 후예인 많은 크메르인들이 아직도 원시적인 수상생활을 하고 있는 것을 보면 이성에 의해 이상을 실현하기 위한 것으로 인정하기는 어렵다 하겠다.

이와 반대로 호모 루덴스의 속성에 근거를 두고 생성된 것이라면 당시의 크메르인들이 열광하였을 터이고, 그 제의가 노래나 춤으로 이어져 면면히 이어져 내려오거나 건축과 조각예술이 계승 발전되어왔어야 할 텐데 밀림 속에 묻혀 단절된 긴 시간을 홀로 보낸 것을 보거나 대부분의 크메르인들이 소승불교의 생활의식에 만족하고 있을 뿐임을 보면 크메르인들의 축제의식에 의해 생성된 것으로 보기도 어렵다 하겠다.

인간은 삶이 두려워 사회를 구성해 그 속에 안주하고 죽음이 두

려워 종교를 만들어 신앙생활을 한다고 한다. 그 옛날 크메르인들도 삶이 두려워 국가를 건설해 외적을 방어하기 위한 군사를 양성하고 수리시설을 만들어 생산을 증가시킬 필요를 느끼지 않았을까? 여력을 이용해 이웃을 침공하여 영토를 확대해나갈 것도 생각했을 것이다. 그런가하면 토속신앙을 발전시키거나 기존의 이웃 종교를 받아들여 영혼의 구원을 꾀할 생각도 했을 것이다. 역사적으로도 전제군주들이 통치력을 발휘하기 위해서 이성을 발휘하거나(현군의 시대) 축제를 이용하는 경우(로마시대의 경주나 격투 등)를 많이 보고 있다.

앙코르제국의 경우는 어떤 경우였을까? 인간은 가능한 한 거룩한 것 안에서 혹은 거룩한 대상들에 가까이 다가가서 살고자 하는 경향을 지녔다 한다.(멀치아 엘리아데) 앙코르제국의 최초 지도자 자야바르만 2세는 자바에서 거주하던 사람으로 힌두교의 시바신을 믿었다니 시바신의 상징인 링가를 세워 숭배하도록 하고 자신을 신의 왕이라 칭하면서 원시신앙 생활에서 벗어나지 못하였을 크메르인들에게 힌두교 사상을 주입시켜 통치의 수단으로 이용하지 않았을까….

시바신은 파괴의 신으로, 과거 현재 미래를 투시하는 능력을 가졌다 한다. 그 상징인 링가(Linga-남성의 성기모양)와 요니(Yoni-여성의 음부모양)의 결합체는 풍요와 생산을 의미하므로 시바신에 의해 풍요를 얻고 재앙을 막을 수 있었다면 크메르인들이야 얼마나 좋아했으랴. 이런 신앙적 제의에 의해 앙코르제국의 왕들은 백성들의 실상이야 아랑곳없이 지배력을 응집해나갔을 것이며 확충된 왕권에 의해 신앙의 상징물이며 성소로서의 거대한 앙코르 유적을 생성시켜나가지 않았을까싶다.

앙코르 톰의 석문(石門)으로 들어서려면 길 양편에 길게 늘어선 뱀의 석조물(나가신을 상징)과 만나게 된다. 이 뱀의 석조물을 한쪽은 선신(善神)들이, 다른 한쪽은 악신(惡神)들이 겨드랑이에 끼고 서서 미소로 또는 괴기한 모습으로 쳐다보고 있을 뿐 아무런 제지가 없으니 연고 없는 객은 그저 죽은 뱀의 허물을 딛고 넘어가는 듯 가벼울 뿐이니 그렇게 아무런 의무도 없고 정결하단 말인가….

이들의 영접을 받고 들어서면서 54개의 보살 4면상을 만나게 된다. 예나 지금이나 동일한 미소를 띠면서 풍상에 마모되어 이지러져 가거나 파란 이끼에 질려 세월을 어렵게 견디고 있는 모습을 보면서, 또는 널따란 초원 위에 옛 영광을 나타냈을 병원들이며 코끼리 테라스들은 온데간데없고 나뒹구는 석물(石物)들만 여기저기 즐비하여 그 사연을 알 수 없는 객들이야 아무런 제재 없이 이리저리 기웃거리며 근거 없는 상상들만 늘어놓을 뿐임을 보면서, 무너져 내리는 석물들의 옆구리를, 등을, 어깨를 나무뿌리들이 기어오르고 올라타 짓누르고 있음을 보면서, 객은 그저 시바신이 시간의 채찍을 들고 그 파괴의 권능을 휘둘러 다음의 탄생을 재촉하고 있음을 볼뿐이니 무심한 세월을 탓하여 새삼 무엇 하랴.

앙코르 톰이나 앙코르 와트, 또는 다른 사원들의 주요 통로를 들여다보면 시바 신의 상징물들을 세워놓았던 흔적들을 자주도 만나게 된다. 링가와 오니를 맞물려 세워 성수가 흐르게 하고 오고 가는 이들로 하여금 마셔 풍요를 누리도록 하였건만 성수는 흐르지 않고 링가조차 온데간데없으니 시바를 외면하거나 그의 은총에 너무 기댄 인간들의 불경을 나무랄 수밖에 없겠다.

천연스레 내갈기는
세월의 채찍
제국의 위력으로 버텨왔더냐

남몰래 멍들어갈 뿐
늠름하기는 예나 마찬가지
그 옛날 위엄은 그러했겠지

파란 살점 조금씩 내어주다가
풀뿌리조차 괴목(怪木)으로 차오르니
기어코 몸통마저 떼어주고 있고나

시바여!
그대의 권능, 파괴는 탄생의 다른 이름이어니
달리 무슨 말을 할까.

- 시 「앙코르 석상 앞에서」

(2003. 8)

연해주에서 사마르칸트로

어린 시절, 뜰 안에 떨어진 노란 감꽃을 보노라면 비록 그게 아픈 눈물자국일망정 하나하나 주워 실에 꿰었다. 그러면 순이와 나의 달콤한 이야기가 탄생되는 것이었다.

연전에 러시아의 연해주를 둘러보다가 이젠 폐역(廢驛)된 시골의 철도역 '라즈돌로예'를 지나가게 되었다. 이곳이 구소련 스탈린시대에 연해주 거주 카레스키야(고려인)들을 중앙아시아의 불모지대로 강제 이주(1937~1938. 1)시킨 시발역이라 했다. 이주를 반대하는 고려인 2천 5백여 명을 총살한 뒤에, 나머지 모두는 겨울의 혹한기에 화물칸에 실려 장장 48일 걸리는 머나먼 카자흐스탄, 우즈베키스탄의 황량한 벌판에 버려졌다 한다. 그 사유야 역사가들이 이리저리 기술하고 있지만 가는 도중 많은 노인과 어린이들이 굶어 허기지고 얼어붙어 죽어갔다니 살아남은 이들의 인고의 시련이 얼마나 컸으랴. 그래서 그 정착지의 근황이 궁금해 그중 한 곳인 우즈베키스탄에 들러보기로 했다.

속담에 '길은 갈 탓, 말은 할 탓'이라 했다. 같은 길이나 말이라도 걸기에 따라 상대방에게 주는 영향이 다르다는 뜻이다. 인류의 역사를 들여다봄에도, 역사의 사실들은 역사가들이 선택한 것일 뿐이라니(영국 역사가 에드워드 핼릿 카의 '역사란 무엇인가'에서) 역사의 기록은 그걸 기록한 역사가의 안목일 뿐, 직접 보고 느낀 것만이 나의 것이리라.

인천공항에서 비행기 트랩에 오른 지 7시간 만에 그곳 수도인 타시겐트에 착륙했다. 잘 정돈되고 깨끗한 시가지가 중앙아시아의 불모지라는 선입관에 어리둥절케 했지만 실은 1960년대 말의 대지진으로 모두 파괴되어 새로 신축된 모습이라 했다. 교외로 나가보니 아니나 다를까 한없이 넓은 벌판엔 온통 목화밭이거나 버려진 잡초지대였다. 우리나라 면적의 두 배인 44만 제곱킬로미터의 국토 중 40%가 사막지대라니 목화밭을 제외하면 모두 황량한 벌판이라 해도 틀린 말은 아닐 성싶었다. 그중 목화밭의 한 귀퉁이에 있는 '김병화기념관'을 방문했다. 지금은 독립국이지만 1991년까지 구 소련 연방에 속한 콜호즈(집단농장)를 이끌면서 증산운동에 공을 세운 농장지도자 김병화를 기념하기 위해 지어진 건물이라 했다. 60대 후반의 한인 3세 여성이 관리하고 있었지만 그 조상들은 영문 모른 채 이곳에 실려와 움막이나 토굴에 기거하면서 자갈밭의 돌을 주워내고 갈대밭의 갈대를 뽑아내는 피눈물 나는 고역을 참아가며 메마른 땅을 옥토로 일궈나가 오늘과 같은 번영의 토대를 이뤘다니 고려인들의 질긴 생명력 앞에 눈시울이 뜨거워질 뿐이었다. 그 공로로

구 소련당국으로부터 두 번씩이나 훈장을 받았다니 그건 아이러니하게도 수탈당한 공로라고나 해야 할지 모르겠다.

이번 여행의 목적은 이것 말고도 고대 동서무역로(실크로드)의 중간 교역지인 사마르칸트를 둘러보는 것이었다. 유네스코는 2001년도 세계 유산 목록에 사마르칸트를 '사마르칸트 - 문화의 교차로(Samarkand - Crossroads of Cultures)'로 추가하기도 했다. 실크로드라 하면 중국 시안에서 둔황에 이르러 천산남로나 천산북로의 오아시스를 지나 중앙아시아에 이르는 길로, 아라비아 페르시아를 거쳐 동로마제국의 콘스탄티노플에 이어지는 긴 여로였다. 여기서 그리스를 거쳐 서로마까지 이어지면 동양의 문물과 서양의 문물이 교류되는 루트였던 것인데, 그 중간의 사마르칸트는 실크로드의 중간 교역지인 관계로 여러 나라 군주가 쟁패를 벌인 곳이기도 하다. 기원전후엔 마케도니아의 알렉산더 대왕이 피를 뿌리고 당나라의 고선지 장군이 피를 뿌렸다. 13세기엔 징기스칸의 대부대가 피를 뿌렸지만 그런 과정에서 동서 문물과 생활양식이 교차 융합하여 독특한 문화유산을 낳기도 했으니 그 유형 중 하나가 아라베스크인 것이다.

아라베스크는 이슬람 미술 등에서 볼 수 있는 잎사귀, 꽃, 조수, 인물 등을 도식화한 무늬로, 공예품이나 건축에서 많이 볼 수 있다. 문학에서는 아라비아 적이라는 뜻에서 다양성 있는 문예작품을 이르며 아라비아풍의 화려한 장식이 많은 악곡을 아라베스크라 부르기도 한다. 발레의 기본자세의 하나로, 한 쪽 다리로 서서 한 쪽 다리를 곧게 뒤로 뻗은 자세도 아라베스크라 하는데, 인체가 형성하는 곡선을 최대한으로 길게 한, 가장 아름다운 자세라 일컫기도 한다.

14세기 티무르제국 때 세워진 이슬람의 모스크들이 청아한 하늘색의 아라베스크 문양을 머리에 인 채 고풍스러움을 자랑하고 있었다. 티무르의 후예가 뒤에 인도를 침공해 무굴제국을 세웠다니 그 5대 왕 샤자한이 죽은 왕비를 위해 세웠다는 타지마할(세계 7대 불가사의의 하나)의 아름다움도 티무르제국 장인들의 작품일 것임이 분명했다.

1960년대 말 아프라시압 언덕에서 발굴된 7세기 때의 벽화에 조우관(鳥羽冠)을 쓴 사자(使者) 두 사람이 나타난다. 그 복식으로 보아 고구려인임이 분명하다는 해석이기도 하니 이미 그때부터 우리와 교역이 있었음을 알고 놀라지 않을 수 없었다.

여행 마지막 날엔 하얀 망토를 걸친 우즈벡 여인의 간드러진 춤사위를 보면서 여독을 풀었다. 저 여인의 망토와 치마 속에 숱한 민족의 피와 애환이 스며들어 흐느적거리고 있지 않는가. 역사는 이렇게 소용돌이치면서 엮어지는 게 분명하니 아라베스크는 바로 그 대명사가 아닌가싶었다. 문양의 한 올 한 올 속에 우리의 피와 애환도 함께 굴곡지고 있다 생각하니 인고의 애환이 긴 시간을 거쳐 아름다움으로 치환되고 있었던 것이다.

(2016. 10)

외로운 섬 피지

여름휴가철을 맞아 손주를 제 어미 품에 넘겨주고 오랜만에 나들이에 나서보기로 했다. 남들은 삼삼오오 무리지어 산으로 바다로 간다지만 태양이 북반구에 올라와 바로 머리 위에서 땡볕이 내리쬐고 있으니 이를 피해 남반구로 가보기로 했던 것이다. 아마도 복잡한 인간관계를 잠시 접어보리란 생각도 했던 것 같다.

열 시간여의 비행 끝에 8천여 킬로미터를 날아 도착한 곳은 다른 곳이 아닌 남태평양의 피지군도였다. 동경 174~178도 남위 12~22도에 위치한 330여 개의 섬나라로 면적은 제주도의 열배에 달한다지만 인구는 84만 명(제주도 인구의 1.5배)에 지나지 않는 연평균 기온 23도의 상하(常夏)의 나라다. 1643년 네덜란드의 탐험가 아벨 타스만(Abel Tasman)에 의해 최초 발견되었다니 그 이전엔 이름 없는 군도(群島)였던 셈이지만 이젠 널리 알려져 계절에 관계없이 세계 각국에서 많은 관광객들이 몰려들기 시작한다고 했다. 하지만 지금부터 150여 년 전만 해도 식인종들과 공존했다는 말을 들었을 땐 모골이 송연해지기도 했다.

여장을 풀고 해변 가에 나서보니 여기저기 백사장에 살갗을 그을리거나 야자나무 그늘아래 해풍을 즐기는 사람들로 북적댔다. 이윽고 해가 넘어가자 게도 고둥도 모두 제 구멍으로 숨 듯 인적이 금세 사라지고 마치 무인도를 방불케 했다. 별빛이 한없이 쏟아지는 남국의 밤을 산호초를 덮쳐대는 파도소리만 홀로 휩쓸고 있었으니 신비감에 젖었던지 잠자리에 들지 못하고 밤이 이슥토록 서성거릴 수밖에 없었다.

숙소에 돌아와 바다를 향한 창문을 닫고 보니 파도소리는 잦아들었지만 별빛은 여전히 이마위에 쏟아지고 있었다. 별을 사랑한 윤동주는 「서시」를 직조했고 알퐁스 도데는 소설 「별」을 구성했는데 그들은 어떤 별빛을 바라보았을까? 누구보다도 별을 더 깊이 사랑했다던 생텍쥐페리는 「어린왕자」를 탄생시키고 별나라로 갔다고 했다.

어린왕자는 별나라로부터 내려와 사람들이 사는 곳으로부터 천마일이나 떨어진 사막 한가운데에 서게 된다. 사람들은 다 어디 가고 이렇듯 쓸쓸한 것이냐고 물어보지만 옆에 있던 뱀은 사람들 틈에 섞여있어도 외롭기는 마찬가지라 답한다. 이 말을 듣고 나서 허공에 대고 "안녕!"이라 외쳐보지만 들리는 건 끝없는 메아리뿐이었으니, 실망한 어린왕자는 모래벌판을 지나 바위와 눈을 헤치고 오랫동안 걸어 마침내 길을 하나 발견하게 된다.

길이란 모두 사람들이 있는 곳으로 통하기 마련인데 거기에 장미 오천 송이가 피어있는 정원이 있었던 것이다. 두고 온 별엔 세상에 하나밖에 없다고 생각한 장미 한 송이가 있어 부자라고 생각하고 정성스레 가꾸어왔는데 어린왕자는 이렇게 많은 꽃들을 본 순간 어쩔 줄 모르고 흐느끼기 시작한다.

여우가 나타난 건 바로 이때였다. 어린왕자가 여우에게 친구가 되어달라고 청해보지만 여우는 그럴 수 없다고 한다. 그것은 자기를 길들이지 않았기 때문이라는 것이었으니, 길들이기란 바로 관계의 설정을 말하는 것으로 '나'와 '타자'가 '우리'라는 유대로 서서히 치환되는 과정을 말하는 것이다. 그곳이 사막이든 도회든 섬이든 외딴 곳에 이르러 타자를 길들이지 않는다면 존재계는 모두 모래알처럼 외롭고 서글플 뿐이요 장미 오천 송이도 마찬가지일 테니 저 많은 별빛 중에 잊었던 이름이라도 되살려봐야 하는 것이다.

이튿날 숙소가 있는 비티레부 섬으로부터 뱃길로 한 시간여를 항해하니 그들이 말하는 '로빈슨 크루소' 섬에 닿았다. 이 섬은 세계지도에도 안 나타나있는 것으로 보아 자기들 맘대로 부르는 이름일 터이다.

'로빈슨 크루소(이하 '폴'이라 한다)'는 1719년 영국의 다니엘 디포가 펴낸 소설의 주인공 이름이다. 작품 속의 그는 1632년 영국의 요크 시에서 출생해 평범한 중산층의 생활에 만족치 못하고 해외로 먼 바닷길을 항해하다가 남태평양의 어느 무인도에 표류해 갖은 고생 끝에 28년여 만에 귀환하게 된다는 게 대강의 줄거리지만, 그 무대인 무인도는 허구 속의 섬일 뿐이므로 어디라고 말할 수는 없다. 다만 작품 속에서는 인근 식인의 야만인들이나 가끔 올라와 사람을 잡아먹고 뒤풀이 하다 가는 절해의 고도다.

폴은 고립무원(孤立無援) 상태에서 오로지 안전과 생존욕구에 매달려 불안한 하루하루를 보내게 된다. 말 상대는 난파선에서 데려온 앵무새 한 마리였을 뿐이니 그것을 길들여 자신의 이름을 들어보고 자신의 존재를 확인할 수밖에 없었던 것이다.

폴은 앵무새와 인간의 몸짓을 흉내내는 교감을 함으로써 어느 정도 실존을 인식할 수 있었겠지만, 표류생활 중반기에 무인도에 상륙한 한 야만인(식인)을 사로잡아 종복으로 부리기 시작한 동안을 제일 행복한 시기로 꼽는다. 어느 금요일에 사로잡았다 해서 그에게 붙여준 이름이 프라이데이(Fry Day)인데, 식인 습성을 버리게 하고 서로 안전과 생존의 버팀목이 되었을 뿐 아니라 인간의 몸짓을 통한 관계의 대상이 되었으니 그럴 만도 하다는 생각이 든다.

내가 그의 이름을 불러주기 전에는
그는 다만
하나의 몸짓에 지나지 않았다

내가 그의 이름을 불러주었을 때
그는 나에게로 와서
꽃이 되었다

내가 그의 이름을 불러준 것처럼
나의 이 빛깔과 향기에 알맞은
누가 나의 이름을 불러다오

그에게로 가서 나도
그의 꽃이 되고 싶다

우리들은 모두
무엇이 되고 싶다
너는 나에게 나는 너에게
잊혀지지 않는 하나의 눈짓이 되고 싶다.

– 김춘수, 「꽃」

시인 김춘수는 한 송이 꽃을 통해 시적 자아와 타자와의 관계를 철학적 고찰을 통해 시어로 형상화하고 있다. 모든 사물은 홀로 존재하는 것이되 그것은 서로에게 아무런 의미 없는 무의미의 존재일 뿐이지만 서로의 관계성을 회복함으로써 각자의 '나'가 '우리'로 치환되어 의미를 갖게 된다는 것이다. 그것은 시적 자아의 존재론적 소망으로써 원 존재는 홀로 존재하는 것이므로 고독한 것이지만 서로의 이름을 부여하는 등으로 관계성을 가질 때 존재의 본질적 구현에 이르게 된다는 것이니, 그것이 바로 시적 자아의 의지이기도 할 것이다.

어느 아이가 세계지도를 펴놓고 무언가를 열심히 찾고 있었다 한다. 이를 본 그의 어머니가 무얼 그리 찾느냐고 물으니 아이는 아직 발견되지 않은 섬을 찾고 있노라고 했더란다. 물론 우스갯소리로 하는 말이겠지만 세계지도에 나타났다는 건 신천지 발견과 이에 대한 이름 붙이기를 전제로 한 것임을 생각해보면 아이의 발상은 어처구니없는 일이기는 하다. 하지만 무지한 인간이 인식과 관계의 대상을 넓혀나가려는 의욕은 가상타 하지 않을 수 없는 것이다. 인식의 대상은 구체물일 수도 있고 추상적 관념일 수도 있다. 그러기에 인식론은 실재론과 관념론으로 나뉘어 접근방법을 달리하기도 한다.

복잡한 인간관계를 잠시 접어보리란 생각에 멀리 나들이를 갔다가 남반구를 뒤로하고 다시 비행기 트랩에 오르려니 얼마 전에 써두었던 글이 떠올랐다.

난야
네가 아니어도 좋다
내가 아니면 더욱 좋단다

하얀 버선발로 다가와
바람을 휘감고 사라졌느니
서둘러 문지방을 넘느라
그림자는 흘리고 갔구나

너는 갔으나
난야
간 것은 아니다

보고 싶은데 너는
너는 내게 없다
그러나 내게는 네가 있다
난야.

- 시 「혼자 부르는 노래」

천산(天山) 천지를 향해

고향생각이 난다. 세월이 더할수록 자꾸 고향생각이 난다. 바지 걷어 올리고 실개천 건너던 일이 떠오르고 동구 밖 성황당고개 오르내리던 일이 떠오른다. 어머니가 들락거리시던 반들반들한 부엌바닥이 떠오르고 빈 술병 수북이 쌓여 거미줄만 총총할 내 고향 헛간이 떠오르는 것이다.

나의 아버지요 어머니인 어버이들의 고향은 지금쯤 어떤 모습일까. 그 어버이의 어버이들은 어느 들판에 살았으며 또 그 어버이의 어버이들은 어느 산기슭에 살았을까. 어떤 이들은 성씨를 따라 남녘으로 내려가 그 시조(始祖)를 찾기도 하고 또 어떤 이들은 고구려의 후예라며 그 유적을 찾아 만주벌판을 걸어보기도 하는 모양이지만, 내 몰골이 어쩐지 '몽골리안'이란 말과 잘 어울리는 것 같아 몽골의 고비사막에 펼쳐진 파오를 찾아 기웃거려보기도 했다.

그런 인연으로 조금 더 서쪽으로 가보고 싶은 마음이 들었던지 이번엔 일부러 뜨거운 여름을 택해 실크로드와 천산북로를 따라 천산산맥 자락에 있는 천지(天池)까지 들여다보게 되었던 것이다.

천산산맥은 아시아 최대의 산맥 중 하나다. 위로는 알타이산맥이 옆으로 뻗어 중앙아시아를 러시아와 가르고, 아래로는 곤륜산맥이 옆으로 뻗어 중앙아시아벌판을 인도와 가르고 있다. 중앙아시아의 서쪽 끝에 있는 중국 신장지구를 동서로 가르며 만년설을 머리에 인 채 여러 갈래의 물줄기로 서서히 녹아내리면서 준걸분지와 타클라마칸 사막의 군데군데를 생명수로 적시고 있는 것이다.

연장 1,760㎞ 산맥의 주봉은 한뎅그리봉(Hantengri Feng, 汗騰格里峰)이다. 그중 동쪽으로 뻗은 산맥의 보거다봉(해발 5,445미터)을 병풍처럼 뒤로 두르고 있는 호수가 천산천지(天山天池)인데, 호수면적 2.7㎢, 평균수심 52미터로 백두산 천지보다 작은 편이지만 각종 신화와 전설이 깃들어 있어 불자(佛者)들은 이곳에서 달마조사가 벽을 향해 수행했다고 믿는다. 중국 주나라 목왕이 서쪽으로 순행할 때 이곳에서 서왕모의 연회에 초대되어 시를 쓰고 노래했다고 전해지는가 하면(선진시기의 목천자전) 그런 신화를 배경으로 천지를 삶과 죽음을 주재하는 서왕모의 욕조쯤으로 여기기도 한다. 이 산맥을 넘어 서쪽으로 더 가면 카자흐스탄 우즈베키스탄 투르크메니스탄이란 이역(異域)에 이르고 마는데, 그러고 보면 우리가 말하는 서천서역국의 마지막 울타리에 해당하는 게 천산산맥이라 할 수도 있을 것 같았다.

중국의 한족(漢族)은 황제(黃帝)를 그 민족의 시조로 받들고 있다. 다섯 명의 큰 신(神)이 사방을 나눠 동방은 태호(太昊), 남방은 염제(炎帝), 서방은 소호(少昊)가 다스리고, 중앙은 흙의 기운이 왕성한 곳으로 황제(黃帝)가 다스린다는 것이다.(회남자) 언제부턴가 그 황제가 다른 신들을 모두 물리치고 중국을 지배하는 한족의 시조로 받들어지기 시작했다는 것인데(정재서의 「동양의 신화」) 그가 주로 머무는 곳이 곤륜산이라 하는 걸 보면 그들이 마음으로 그리는 시원적 고향은 천산산맥이 아니라 곤륜산이 아닐까 싶다.

이에 반해 삼성기(三聖紀, 신라의 안함로)에 의하면 환인(桓因)이 천산(天山)에 살면서 하늘을 대신하여 덕화를 베풀고 7세를 전했다고 하니, 그 천산이 어디인지는 확실치 않으나 천산산맥의 한뎅그리봉을 말하는 것은 아닐지 모르겠다.(정연규의 「언어 속에 투영된 한민족의 상고사」) 우리는 오래전부터 단군(檀君)의 자손으로 믿고 살아왔다. 단군은 옛말 '다나구루'를 이두로 소리 옮김 한 것으로 전해지는 한편, '다나구루'는 종교적인 하늘을 뜻하는 말로 몽골어의 뎅그리(Tengri)와 대응한다고 한다.(최남선의 「불함문화론」)

알타이어계에서 갈라져 나온 몽골어계에서 한(칸, Han)은 크다는 뜻이요 뎅그리(Tengri)는 하늘을 뜻한다. 「몽고유목기」에서 항애산(抗愛山)의 가장 높은 봉우리 악탁혼(鄂託渾) 등격리(騰格里)는 하늘을 뜻한다고 한 것을 보더라도 천산(天山), 단군(檀君), 등격(騰格)은 모두 하늘이나 하늘같이 높은 사람, 또는 천산의 한뎅그리봉을 말하는 것으로 의미가 모아지는 게 아닐까. 고비사막 아래 동서로 펼쳐진 사막이 등격리(騰格里)사막이란 사실까지 아울러서 생각한다면 우리의 고향은 고구려 강역인 만주벌판에서 서쪽으로 서쪽으로 내달려 끝닿는 천산산맥자락까지라 한다면 너무 지나친 상상이 될까….

흔히 어버이의 언저리에 고향을 한정하려들기도 한다. 하지만 어버이의 어버이의, 그 어버이의 언저리로 고향을 넓게 볼 필요도 있을 게다. 한족은 북서쪽의 신강지구를 중국의 강역으로 병탄하는 한편 최근엔 동북공정이란 명분으로 북동쪽 고구려 강역의 역사를 병탄하려드는데, 반도가 남북으로 갈려 백두산 천지조차 제대로 밟지 못하는 현실이라고 가슴까지야 속으로 오므릴 필요가 있겠는가.

천산산맥에서 고비를 건너 만주벌로, 만주벌에서 고비를 건너 천산산맥으로 오갔을 몽골리안의 무리를 떠올리며 열사(熱砂)의 땅 돈황・하밀・투루판・우루무치를 찾아들다가, 이곳에 땅 밑으로 생명수를 조금씩 적셔 내리는 천산천지에 이르고 보니 죽을 고비를 수 없이 넘기며 질기게 살아온 어제와 오늘의 우리들과 우리들 고향이 조금은 보이는 듯했다.

태양은 동녘에서 떠올라 서쪽하늘로 사라진다. 현실의 꿈은 반짝 빛났다가 모두 퇴적물이 되어 서쪽으로 넘어가고 만다. 그래서 서쪽은 해가 지는 쪽만이 아니라 귀향의 길목이기도 하다. 떠오르는 태양이든 지는 태양이든 하늘을 붉게 물들이는 건 매양 마찬가지려니, 그래서 달마가 동쪽으로 간 까닭도 혜초가 서역으로 간 까닭도 따져 물을 것 없이 모두 소중한 것이라고나 해야겠다.

태양열이 이글거리는 지평선 언저리에 난데없이 나타났다 사라지는 신기루, 그 신기루가 없었다면 아마 긴 긴 이동구간에 어느 누구도 아무 말 없이 미간만 찌푸렸을 게다. 마찬가지로 긴 긴 역사 속에 어려운 고비를 넘길 때마다 견디게 해준 건 실상이 된 꿈도 허상의 꿈도 함께가 아니었을까.

꿈을 꾸자. 때로는 헛꿈도 꿔보자. 오늘도 동녘을 향해 꿈을 그려보지만 서쪽으로 넘어간 꿈 조각들도 다시 주워 모아 이리저리 짜맞춰보기도 하자.

(2011. 8)